डॉ.मिलेट

छोटे धान स्वास्थ्य की कुंजी

डॉ.महेश शर्मा

Copyright © Dr. Mahesh Sharma
All Rights Reserved.

स्वर्गीय बाबूजी केदार जी शर्मा को समर्पित

क्रम-सूची

प्रस्तावना — vii

भूमिका — ix

आमुख — xvii

1. घास भी अनाज है — 1

2. स्वास्थ्य, आहार और आयुर्वेद — 3

3. मिलेट की उत्पत्ति — 9

4. जवार या ज्वार — 12

5. बाजरा — 15

6. कोदो — 19

7. रागी — 23

8. फोक्सटेल मिलेट,कंगनी — 26

9. बरनार्ड मिलेट, भगर — 31

10. लिटिल मिलेट, कुटकी — 35

11. प्रोसो मिलेट,चेन्ना,बर्री — 38

12. अमरेंथ,राजगिरा — 41

13. कुट्टू — 45

14. क्विनोआ — 49

15. ओट्स — 53

16. फोनियो — 56

17. टेफ़ — 59

18. मिलेट के व्यंजन जवार का मीठा पेय — 62

19. फॉक्सटेल मिलेट का उपमा — 63

20. बाजरा की इडली — 64

21. कोदो मिलेट ओरियो पेनकेक्स — 65

क्रम-सूची

22. लिटिल मिलेट उत्तपम — 66

23. रागी (फिंगर मिलेट) का दलिया — 67

24. नमकीन रागी दलिया — 68

25. बाजरा की चपाती — 69

26. बाजरा की मठरी — 70

27. बाजरे की छड़ियों के साथ खस्ता एवोकैडो सलाद — 71

28. फॉक्सटेल मिलेट का ढोकला — 72

29. प्रोसो मिलेट पिज्जा — 73

30. फॉक्सटेल मिलेट हलवा — 74

31. कोदो मिलेट आम रसमलाई — 75

32. मिलेट और मूंगफली का मक्खन कुकीज़ — 76

33. बिना चीनी के मिलेट के लड्डू — 77

34. बाजरा प्याज मुठिया — 78

35. बाजरा का उपमा — 79

36. बाजरा की रोटी — 80

37. बाजरा के पकौड़े — 81

38. बाजरा का हलवा — 82

39. बाजरा का पेसरट्टु — 83

40. बाजरा की खिचड़ी — 84

41. क्विनोआ का सलाद — 85

42. क्विनोआ और ब्लैक बीन्स की रेसिपी — 86

43. मसाला ओट्स — 87

प्रस्तावना

पोषक अनाज, मिलेट्स भोजन के लिये उगाई जाने वाली अनाज की पहली फसल है । मिलेट्स के सबसे पहले प्रमाण 3,000 ईसा पूर्व और सिंधु सभ्यता में पाये गये हैं । एशिया और अफ्रीका में लगभग 59 करोड़ लोगों के पारंपरिक भोजन में बाजरा, जवार, रागी,मंडुवा, कांगनी, कोदो, कुटकी, चीना, सावां, ब्राउनटाप मिलेट, टेफ़ मिलेट, फोनिओ मिलेट शामिल होते हैं । भारत का मिलेट्स उत्पादन वैश्विक उत्पादन का 20 प्रतिशत है । भारत में लगभग 140 लाख हेक्टेयर क्षेत्र में लगभग पौने दो सौ लाख टन मिलेट्स का उत्पादन होता है ।

मिलेट्स खाद्दान्न के महत्व को पहचान कर मिलेट्स अनाज के उत्पादन को प्रोत्साहन देने के लिये भारत सरकार ने 2018 में यह प्रस्ताव दिया था कि 2023 को मिलेट वर्ष के रूप में मनाया जाये । मार्च 2021 में संयुक्त राष्ट्र महासभा द्वारा भारत के एक प्रस्ताव को सर्वसम्मति से स्वीकार कर लिया गया है, जिसके अंतर्गत आगामी वर्ष 2023 को ‘अंतरराष्ट्रीय मिलेट्स वर्ष’ (इंटरनेशनल मिलेट ईयर) घोषित किया गया है ।

इंटरनेशनल मिलेट ईयर का उद्देश्य बदलती जलवायु परिस्थितियों में मिलेट्स अनाज के पोषण और स्वास्थ्य लाभ और इसकी खेती के लिये मिलेट्स उपयुक्तता के बारे में जागरूकता बढ़ाना है । विश्व ने स्वास्थ्य में मिलेट्स अनाजों के महत्व को समझा है, मिलेट्स की बढती लोकप्रियता के कारण किसानों के लिये इसे उगाना ज्यादा लाभकारी होते जा रहा है । मिलेट्स कम पानी और कम उपजाऊ भूमि में भी उगाये जा सकते हैं और दाम भी गेहूं से अधिक मिलता है । मिलेट्स अनाज पर विशेष ध्यान दिया जाने लगा है और मिलेट्स की खेती के ज्ञान के आदान-प्रदान में भारत को विश्व का नेतृत्व करने में समर्थन दिया जाना है ।

डॉ. महेश शर्मा ने अपनी लेखन कौशल के द्वारा भारत में आमतौर पर सेवन किये जाने वाले मिलेट्स के ऐसे सभी गुणों पर बहुत ही सरल तरीके से प्रकाश डालने की कोशिश की है । पुस्तक में विभिन्न प्रकार के मिलेट्स के पोषण गुणों को और उनके पौष्टिक व्यंजनों की तरह बनाने की विधि को वैज्ञानिक रुप में प्रस्तुत किया है। किसी भी मिलेट में मौजूद कैलोरी, फायबर, प्रोटीन, कार्बोहाइड्रेट, वसा, विटामिन आदि के बारे में पहली बार विस्तृत रुप से चर्चा की गई है। मिलेट्स के औषधि गुण एक रोमांचकारी विषय है। जिसका ज्ञान ज्यादातर लोगों को नहीं है।

इस मामले में यह पुस्तक चिकित्सा की सभी पद्धतियों में ज्ञान का स्त्रोत बनकर प्रकाश फैलायेगी।

मुझे यकीन है कि आधुनिक वैज्ञानिक अनुसंधान के आलोक में आयुर्वेद के सदियों पुराने ज्ञान को देखने के लिये उनके इस प्रयास से पाठक बहुत प्रबुद्ध होंगे । डॉ. महेश शर्मा ने गरम मसाले,ड्राई फ्रूट की जानकारियों पर पुस्तक लेखन के बाद मिलेट पर यह पुस्तक लिखी है । मिलेट्स की स्वास्थ्य में योगदान को देखते हुये इस पुस्तक का नामकरण 'डॉ. मिलेट' छोटे धान स्वास्थ्य की कुंजी रखा है ।

यह पुस्तक सभी पाठकों के लिये बहुत महत्वपूर्ण साबित होगी, चाहे वह एक भारतीय किसान हो या जीवन के किसी भी क्षेत्र के विद्वान व्यक्ति का जिज्ञासु मन हो या यहां तक कि भारत के स्वास्थ्यकर्मी या आयुर्वेद छात्र या आधुनिक चिकित्सा हो यह पुस्तक ज्ञानवर्धक और स्वास्थ्य लाभ के लिये उपयोगी होगी । कोदो, ओट्स, जवार आदि के खाद्य एवं पेय पदार्थ बनाने की विधि लोगों के बीच में एक नई जानकारी का स्त्रोत रहेगा।

मेरी शुभकामनायें उनके साथ हैं ।

डॉ.वी एन मिश्रा
प्रोफेसर एवं विभागाध्यक्ष
न्यूरोलॉजी विभाग
बनारस हिन्दू विश्वविद्यालय, काशी

भूमिका

डॉ. मिलेट

छोटे धान स्वास्थ्य की कुंजी

गाँवों में मिलेट्स पारंपरिक रूप से भारतीय आहार में मुख्य खाद्य पदार्थों के रूप में खाया जाता है । भारत में मिलेट्स के कुछ विशिष्ट व्यंजन महाराष्ट्र, कर्नाटक, मध्य प्रदेश, उत्तर प्रदेश और राजस्थान के कुछ हिस्सों में जवार रोटी या भाकरी हैं । पंजाब, हरियाणा, उत्तर प्रदेश के कुछ हिस्सों, राजस्थान और तमिलनाडु में जवार मिलेट्स की रोटी, और कर्नाटक में रागी की रोटी, तमिलनाडु और आंध्र प्रदेश के कुछ हिस्सों में। तमिलनाडु में कम्बम चोरू नामक भारतीय दलिया बनाने के लिये बाजरा को उबाला जाता है। उत्तराखंड में, रागी (फिंगर मिलेट)को रोटी के रूप में खाया जाता है, बार्नयार्ड मिलेट्स को पलेउ या चेंचा के रूप में खाया जाता है, जो छाछ में पकाया जाने वाला एक स्वादिष्ट दलिया है। ज़ान अरुणाचल प्रदेश की मोनपा जनजातियों की सबसे लोकप्रिय दलिया रेसिपी है जो बाजरे और सब्जियों से बनाई जाती है।

लिटिल मिलेट का छिलका उतार कर चावल की तरह पकाया जाता है और खाया जाता है या दलिया बनाया जाता है। दक्षिण भारत के कुछ हिस्सों में, इसको चावल को उबालने के समान ही भाप से पकाया जाता है। इसे आटे में भी बनाया जा सकता है, जिसका उपयोग हलवा या केक बनाने के लिए किया जाता है। एक और तरीका यह है कि पके हुए मिलेट को सब्जियों और मसालों के साथ पकाया जाता है ताकि करी चावल के समान भोजन तैयार किया जा सके । बरनार्ड मिलेट यानि भगर को उपवास के दौरान भोजन के रूप में विशेष उपयोग किया जाता है । फॉक्सटेल मिलेट्स अनाज आमतौर पर चावल (मिलेट्स चावल) की तरह पकाया जाता है या भोजन में बनाया जाता है। इसका सेवन दलिया के रूप में भी किया जाता है जिसे सरगती कहा जाता है, या रोटी के रूप में जानी जाने वाली रोटी के रूप में, छिलके वाले अनाज को आटे में मिलाने के बाद इसका सेवन किया जाता है। कुछ क्षेत्रों में अंकुरित मिलेट को सब्जी के रूप में भी खाया जाता है।

मिलेट से कई अन्य पारंपरिक खाद्य पदार्थ चीनी,गुड़,घी,दूध,बटर मिल्क और नमक के साथ मिश्रित आटे से बनाये जाते हैं। कई ग्रामीण घरों में बाजरे और

अन्य मिलेट्स से कई प्रकार के पारंपरिक स्नैक्स बनाये जाते हैं। मिल्ड मिलेट्स को विभिन्न खाद्य उपयोगों जैसे कि फ्लेक्स, त्वरित खाद्य अनाज, खाने के लिए तैयार स्नैक्स, पूरक खाद्य पदार्थ, एक्सट्रूज़न कुकिंग, माल्ट आधारित उत्पाद, दूध छुड़ाने वाले खाद्य पदार्थ, और अधिक महत्वपूर्ण रूप से स्वास्थ्य खाद्य पदार्थों के लिए तैयार किया जा सकता है।

भारत के कई हिस्सों में प्राचीन काल से भोजन के उपयोग के लिये मिलेट को माल्टिंग का चलन है। इसमें बेहतर माल्टिंग गुण होते हैं और माल्ट में स्वीकार्य स्वाद, बहुत अच्छी सुगंध और शेल्फ लाइफ होती है। बरनार्ड और अन्य मिलेट इडली, डोसा और मुरुकू जैसे से तैयार पारंपरिक खाद्य पदार्थ दक्षिण भारत में बहुत लोकप्रिय हैं। जवार और बाजरा का उपयोग विभिन्न उत्पादों जैसे बिस्कुट, मिठाई, सेंवई, तैयार मिश्रण और बहुअनाज आटा बनाने के लिये किया जाता है।

मिलेट मनुष्यों द्वारा सेवन किया जाने वाला सबसे पुराना खाद्य धान्य है । मिलेट छोटे अनाज वाली अनाज वाली खाद्य फसलों का समूह है जो मानव शरीर के सामान्य कामकाज के लिये आवश्यक अधिकांश पोषक तत्व प्रदान करती हैं । विभिन्न प्रकार के छोटे दाने वाले खाद्यान्न को सामूहिक रूप से 'मिलेट्स' कहा किया जाता है । वैसे तो धान्य को अंग्रेजी में सिरियस कहते है। इस शब्द की उत्पत्ति लैटिन के शब्द सेरेस से होती है, जिसका अर्थ है फसल होता है और सेरेस कृषि की रोमन देवी है ।

मिलेट के स्वास्थ्यकारी प्रभावों के विरुध्द हिन्दी भाषा में मिलेट के लिये कदन्न शब्द निर्धारित किया गया है। भाषा विज्ञान के अनुसार संस्कृत में कदन्न का अर्थ मोटा या घटिया किस्म का अनाज है। शब्दकोष में कदन्न का अर्थ के लिये कहा गया है कि कदन्न या कुत्सित अन्न वह अन्न जिसका खाना शास्त्रों में वर्जित या निषिद्ध है अथवा जिसका सेवन वैद्दक में अपथ्य या स्वास्थ्य के लिये हानिकारक माना गया है ।

वैसे 'मिलेट' एक अंग्रेज़ी शब्द है। इसे हिंदी में 'बाजरा' कहते हैं। मिलेट को अक्सर 'मोटे अनाज' या 'गरीब लोगों की फसलों' के रूप में जाना जाता है। मिलेट को कभी कभी अकाल फसल के रूप में कहा जाता है क्योंकि ये एकमात्र ऐसी फसल है जो अकाल की स्थिति में भी पैदावार दे सकती है । पहले इन फसलों को अनाथ फसल भी कहा जाता था क्योंकि ये खेती के लिये अंतिम विकल्प हैं और बाजार में इनकी मांग कम होती है और लाभ भी अन्य फसलों की तुलना में कम होता है।

पुराने खाद्यान्न मिलेट ही थे लेकिन शहरीकरण और औद्योगीकरण, चावल और गेहूं की बड़े पैमाने के पर खेती के कारण उनका महत्व और खेती कम हो

गई है । मिलेट छोटे अनाज वाली अनाज वाली खाद्य फसलों का समूह है जो सूखे और अन्य चरम मौसम की स्थिति के प्रति अत्यधिक सहिष्णु हैं और कम रासायनिक इनपुट जैसे उर्वरक और कीटनाशकों के साथ उगाये जाते हैं । मिलेट्स की अधिकांश फसलें भारतीय मूल की हैं और लोकप्रिय रूप से पोषक खाद्दान्न के रूप में जानी जाती हैं क्योंकि वे मानव शरीर के सामान्य प्रक्रिया के लिये आवश्यक अधिकांश पोषक तत्व प्रदान करती है । ये फसलें देश की खाद्य और पोषण सुरक्षा में योगदान करती हैं । मिलेट्स को उनके अनाज के आकार के आधार पर प्रमुख मिलेट्स और लघु मिलेट्स में वर्गीकृत किया जाता है । कुछ मिलेट्स को छद्म मिलेट्स भी कहा जाता है क्योंकि वे वनस्पति विज्ञान की पोएसी फैमली का हिस्सा नहीं हैं, जिसमें वास्तविक अनाज होते हैं । हालांकि वे पोषक रूप से समान होते हैं और अनाज के समान तरीके से उपयोग किये जाते हैं ।

मिलेट में मोटा और दूसरा छोटे दाने वाले अनाज - दो तरह के अनाज आते हैं । वनस्पति विज्ञान के अनुसार दोनों पोऐसी फैमिली में वर्गीकृत हैं । मिलेट में बाजरा सबसे ज्यादा लोकप्रिय होने के कारण सामान्य तौर पर मिलेट से लोगों को बाजरा का ध्यान आता है । खाद्दान्न मिलेट अनाज को तीन श्रेणी में रखा गया है

निगेटिव अनाज इनका लगातार सेवन करते रहने से जीवन में कई तरह के रोग होने की सम्भावना रहती है जैसे गेहूं और चावल । यह स्वास्थ्य की दृष्टि से दुर्भाग्य ही है कि सारे विश्व का मूल भोजन गेहूं और चावल ही है ।

न्यूट्रल अनाज ये मोटा अनाज कहलाता है। यह शरीर को स्वस्थ रखता है । इनके सेवन से शरीर में कोई रोग की संभावना कम होती है और कोई रोग होने पर आसानी से ठीक हो सकता है । ये अनाज ग्लूटेन मुक्त होते हैं। जैसे बाजरा ,ज्वार,रागी और प्रोसो ।

पॉजेटिव अनाज इन्हें सिरिधान्य भी कहा जाता है । पॉजेटिव अनाज की श्रेणी में छोटे अनाज आते हैं । ये अनाज आकार में बहुत छोटे होते हैं जैसे कंगनी,सामा,सनवा,कोदो और छोटी कंगनी। सभी पॉजिटिव मिलेट वनस्पति विज्ञान की पोएसी फैमिली के अंतर्गत आते हैं । ये अनाज कई प्रकार के रोग को ठीक करने की क्षमता रखते हैं । पॉजिटिव मिलेट्स डायटरी फायबर युक्त होते हैं। इन्हें पकाने से पहले छः से आठ घंटे पानी में भिगोकर रखना होता है ताकि उनके फायबर नर्म हो सके।दो मिलेट्स को मिक्स करके नहीं पकाया जाता। पॉजिटिव मिलेट के अंतर्गत पांच मिलेट आते हैं, फॉक्सटेल मिलेट (कंगनी), लिटिल मिलेट (सामा, कुटकी), बार्नयार्ड मिलेट (सांवा, सनवा),कोदो मिलेट (कोदो),बाऊनटॉप मिलेट (छोटी कंगनी,हरी कंगनी) ।

न्यूट्रल अनाज और पॉजेटिव अनाज को संयुक्त रूप से मिलेट कहा जाता है। विकसित क्षेत्र और उसके अनाज के आकार के आधार पर मिलेट को मेजर मिलेट और माइनर मिलेट में वर्गीकृत किया जाता है । प्रमुख मेजर मिलेट में जवारी या जवार (सोरघम) और बाजरा (पर्ल मिलेट) हैं । माइनर मिलेट में रागी या मंडुआ (फिंगर मिलेट), कंगनी या इटालियन मिलेट (फॉक्सटेल मिलेट), कुटकी (थोड़ा मिलेट), कोदो मिलेट, सावन या झंगोरा (बरनार्ड मिलेट), चीना (प्रोजो मिलेट), और छोटी कंगनी, हरी कंगनी (ब्राउन टॉप मिलेट) में वर्गीकृत किया गया है। अफ्रीका के कुछ देशों में फॉनियो, क्विनोआ और टेफ जैसे अन्य मिलेट भी उगाये जाते हैं।

कृषि और किसान कल्याण मंत्रालय ने मिलेट्स के महत्व और जवार, बाजरा, फिंगर मिलेट्स (रागी, मंडुआ), माइनर मिलेट यानी फॉक्सटेल बाजरा (कंगनी, काकुन), प्रोसो मिलेट्स को मान्यता दी है। कोदो मिलेट (कोदो), बार्नयार्ड मिलेट (सावा, सांवा, झंगोरा), लिटिल मिलेट (कुटकी), ब्राउन टॉप बाजरा और दो छद्म मिलेट यानि बकगेहूं (कुट्टू), एमरेंथ (चौलाई)) "न्यूट्री" के रूप में अनाज "उत्पादन, खपत और व्यापार की दृष्टि से मान्यता दी है ।

मिलेट राजस्थान, महाराष्ट्र और दक्षिण भारत के कई ग्रामीण इलाकों में प्रमुख भोजन है । मिलेट की फसलें वर्षा पर आधारित होती हैं और कम वर्षा वाले क्षेत्रों में उगाई जाती हैं । पोषणयुक्त खाद्य अनाज मिलेट स्वास्थ्य को अच्छा बनाये रखने के लिये उपयोगी है। मिलेट कैल्शियम, आयरन, प्रोटीन, डायटरी फायबर और अन्य खनिज का समृद्ध स्रोत है । इसके अधिक मात्रा में सेवन से शरीर में ऑक्सैलिक अम्ल की मात्रा बढ़ जाती है । इसलिये किडनी में पथरी वाले रोगी को इसकी सलाह नहीं दी जाती । इसमें अधिक मात्रा के डायटरी फायबर और प्रोटीन अच्छा स्वास्थ प्रदान करते है । शरीर के सामान्य आवश्यक अधिकांश पोषक तत्व प्रदान करने के कारण मिलेट को आजकल लोकप्रिय रूप से पोषक धान्य या न्यूट्री अनाज के रूप में जाना जाता है । पूरे विश्व में मिलेट्स की खेती की जाती है। ये छोटे बीज वाले, आकार में गोल होते हैं। इसकी कम उपजाऊ मिट्टी में खेती की जाती है, इसे कम पानी की आवश्यकता होती है और इसकी फसल कीटों और रोगों के लिये प्रतिरोधी होती है ।

मिलेट एशिया और अफ्रीका में मानव जाति द्वारा उपजाये जाने वाली पहली फसलें थीं, जो बाद में विकसित सभ्यताओं के लिये महत्वपूर्ण खाद्य स्रोतों के रूप में दुनिया भर में फैल गईं ।

मिलेट्स को अकाल वाली फसल भी कहा जाता है क्योंकि ये फसल जो अकाल में भी पैदावार देती हैं । मिलेट को चावल और गेहूं की तुलना में बहुत कम पानी की आवश्यकता होती है । इसे सूखे को सहन करने वाली फसल माना जाता है। इन फसलों को प्रमुख रूप से 450 मिली मीटर से कम वर्षा वाले क्षेत्रों में उगाया जाता है । लगभग पचास प्रतिशत जवारी और अस्सी प्रतिशत मिलेट्स उत्पादन का उपयोग मानव उपभोग के लिये किया जाता है । जबकि शेष का उपयोग पोल्ट्री फीड, अल्कोहल और अन्य औद्योगिक आवश्यकता के लिये किया जाता है।

इससे पहले, इन फसलों को अनाथ फसलों के रूप में भी कहा जाता था क्योंकि वे खेती के लिये अंतिम विकल्प हैं क्योंकि बाजार में उनकी कम मांग होती है और आय की दृष्टि से अन्य फसलों की तुलना में कम होती है।

मिलेट्स की खेती की जाने वाली पहली अधिक पौष्टिक फसल थी । आधुनिक विज्ञान में प्रगति के साथ, मिलेट्स की पोषण संबंधी विशेषताओं का धीरे-धीरे पता चला है। आधुनिक समय में जैव रसायन और खाद्य और स्वास्थ्य विज्ञान के अध्ययन किये गये तब इसके स्वास्थकारी गुणों की जानकारी प्रकाश में आने लगी है । मिलेट्स भोजन में विशिष्ट पोषक, कार्बोहाइड्रेट, और डायटरी फायबर से समृद्ध होते हैं और साथ ही फिनोलिक यौगिक और स्वास्थकारी फाइटोकेमिकल्स होते हैं । मिलेट्स भारत की कुपोषण समस्या को रोकने के लिये आवश्यक खनिज आयरन, जिंक, कैल्शियम पोटेशियम, मैग्नीशियम और नियासिन, बी 6, फोलिक एसिड अन्य पोषक तत्वों के प्राकृतिक स्रोत हैं । मिलेट्स आसानी से पचन होते है । लेसीथिन की उच्च मात्रा और तंत्रिका तंत्र को मजबूत करती है ।

दूसरे अनाज के धान की तुलना में मिलेट अधिक पौष्टिक होते हैं । इनमें प्रोटीन वसा और फायबर की मात्रा अधिक होती है । मिलेट्स में डायटरी फायबर की उच्च विस्कोसिटी और जल धारण क्षमता के कारण, रक्त शर्करा के स्तर में कमी के साथ इंसुलिन प्रतिक्रिया में महत्वपूर्ण भूमिका निभाता है। यह कोलेस्ट्रॉल के स्तर को भी कम करता है और आंतों के विकारों को कम करता है । डायटरी फायबर घटक अपनी फूलने के लाभकारी गुण के कारण छोटी आंत में अधिक समय तक ठहर सकते हैं ।

नई जीवन-शैलियों और भोजन की आदतों के उपहार के रूप में डायबिटीज, उच्च रक्तचाप और हृदय रोग के साथ अधिक प्रचलित होने के कारण मिलेट स्वस्थ जीवन यापन के लिये एक व्यवहारिक विकल्प के रूप में उभरकर आ गया है, जो इन जीवन शैली के रोगों को कम कर सकता है । मिलेट्स में कई पोषण,

पोषक तत्व और स्वास्थ्य को बढ़ावा देने वाले गुण हैं विशेष रूप से उच्च फायबर, स्टार्च की प्रकृति में डायबिटीज से संबंधित अन्य रोगों को कम करने में प्रमुख भूमिका है।

मिलेट्स के स्वास्थ्य लाभ

मिलेट्स ग्लुटेन मुक्त और एलर्जी नहीं करने वाला खाद्दान्न होते हैं। मिलेट्स के सेवन से ट्राइग्लिसराइड्स और सी रिएक्टिव प्रोटीन कम होता है, जिससे हृदय रोग को रोका जा सकता है। यह सूक्ष्म वनस्पतियों के लिये प्रोबायोटिक आहार के रूप में कार्य करता है।

मिलेट्स बृहदान्त्र को हाइड्रेटेड करता है और पेट को कब्ज़ होने से बचा सकता है। मिलेट्स में ट्रिप्टोफैन के उच्च स्तर सेरोटोनिन का उत्पादन होता है, जो मूड को शान्त करता है। मिलेट्स में नियासिन कोलेस्ट्रॉल कम करने में सहायता कर सकता है। सभी मिलेट्स की किस्में उच्च एंटीऑक्सिडेंट गतिविधि से युक्त होती हैं। एक शोध अध्ययन में उल्लेख किया गया है कि मिलेट अनाज का सेवन हर हफ्ते में 6 बार उच्च कोलेस्ट्रॉल, रक्तचाप या हृदय रोग के साथ पोस्टमेनोपॉज़ल महिलाओं के लिये पौष्टिक आहार माना जाता है। एशिया और अफ्रीका के कुछ हिस्सों में मिलेट को मुख्य खाद्यान्न के रूप में उपयोग किया जाता है। इसका उपयोग पेय पदार्थ, ब्रेड, दलिया और स्नैक फूड तैयार करने के लिये भी किया जाता है। मिलेट एक क्षारीय पदार्थ है और शरीर के पी.एच. को संतुलित करता है। मिलेट्स एसिड को कम करता है। मिलेट में उपस्थित नियासिनस्तन कैंसर को भी रोकता है।यहटाइप 2 डायबिटीज को रोकने में मदद करता है।रक्तचाप को कम करने में प्रभावी होता है।हृदय रोग से बचाने में कारगर होता है।अस्थमा जैसे श्वसन स्थितियों के उपचार में सहायता करता है।गुर्दे, यकृत और प्रतिरक्षा प्रणाली के स्वास्थ्य को अनुकूलित करने में मदद करता है।गैस्ट्रिक अल्सर या पेट के कैंसर जैसी जठरांत्र संबंधी स्थितियों के जोखिम को कम करता है।कब्ज, अधिक गैस, सूजन और ऐंठन जैसी समस्याओं को दूर करता है। मिलेट शरीर के आंतरिक पारिस्थितिकी तंत्र में एक प्रीबायोटिक फीडिंग माइक्रोफ्लोरा के रूप में कार्य करता है।

मिलेट की विशेषतायें

मिलेट एक स्मार्ट खाद्य पदार्थ है। सुपरफूड की उपलब्धता के इस युग में मिलेट का एक विशिष्ट स्थान है। इसकी खेती करने में आसानी होती है, लगभग ऑर्गेनिक (जैविक) होते हैं और इनमें अच्छी पोषक गुण होते हैं। निम्नलिखित गुण मिलेट पर उपयुक्त होते हैं -

उपभोक्ता के लिये स्वास्थ्यकारी वे कुछ सबसे बड़ी पोषण और स्वास्थ्य समस्याओं आयरन, जिंक, फोलिक एसिड, कैल्शियम, डायबिटीज को दूर करने में सहायता कर सकते हैं ।

धरती के लिये लाभकारी मिलेट शुष्क जलवायु में जीवित रहने में सक्षम रहते हैं और जलवायु परिवर्तन से निपटने में महत्वपूर्ण होते हैं ।

किसान के लिये अच्छा मिलेट तीन गुना तक उपज बढ़ा सकते हैं । इसके भोजन, चारा, ईंधन कई उपयोग किये जा सकते हैं, और आम तौर पर सूखे के समय खड़ी आखिरी फसल होती है, जो किसानों के लिये एक अच्छी रिस्क मेनेजमेंट की रणनीति होती है।

आमुख

लेखक परिचय

डॉ. महेश शर्मा हैदराबाद के एक प्रमुख आयुर्वेदिक चिकित्सक हैं, जिन्हें भारतीय चिकित्सा पद्धति में चिकित्सा पद्धति, अनुसंधान, शिक्षण, प्रशिक्षण और औषधि निर्माण में चार दशकों से अधिक का अनुभव है। आप एमडी (आयुर्वेद) है और 1970 में उस्मानिया विश्वविद्यालय से संबद्ध सरकारी आयुर्वेदिक कॉलेज से - बीएएमएस (बैचलर ऑफ आयुर्वेदिक मेडिसिन एंड सर्जरी) हैं।

पिछले 40 वर्षों में, - एक निजी चिकित्सक, और दवा कंपनियों के सलाहकार के रूप में उन्होंने विभिन्न क्षमताओं में अपनी सेवायें दी है। आप चिकित्सा अनुसंधान के क्षेत्र में नैतिकता समितियों के सदस्य सचिव रह चुके हैं।

डॉ. शर्मा सामाजिक, शैक्षिक, सांस्कृतिक और परोपकारी गतिविधियों में सक्रिय रहे हैं वे एक लेखक, वक्ता और आयुर्वेदिक प्रणाली के प्रोफेशनल हैं। उन्हें अमेरिका स्थित अमेरिकी स्वास्थ्य अनुसंधान संस्थान सहित भारत और विदेश में आयुर्वेद के वक्ता के रूप में आमंत्रित किया जा चुका है।

1

घास भी अनाज है

उगाई जाने वाली सभी फसलों में से सत्तर प्रतिशत घास हैं । अपने खाद्य बीजों के लिये उगाई जाने वाली कृषि घास को अनाज कहा जाता है । मानवीय दृष्टि से घास शायद सबसे अधिक आर्थिक रूप से महत्वपूर्ण पादप परिवार है । घास का आर्थिक महत्व खाद्य उत्पादन, उद्योग और लॉन सहित कई क्षेत्रों से है । घास 6000 वर्षों तक पालतू जानवरों के भोजन के रूप में उगाया जाता रहा हैं और गेहूं , चावल, मक्का (मकई) और जौ जैसे घास के दाने सबसे महत्वपूर्ण मानव खाद्य फसलें हैं । जौ,मक्का (मकई),जई,चावल,राई,चारा,गेहूँ,बाजरा मानव समाज में लंबे समय से घास का महत्व रहा है। उन्हें हजारों सालों से लोगों और पालतू जानवरों के लिये चारे के रूप में उगाया जाता रहा है । बीयर का प्राथमिक घटक आमतौर पर जौ या गेहूं होता है, दोनों का उपयोग इस उद्देश्य के लिये 4,000 से अधिक वर्षों से किया जा रहा है।

पादप विज्ञान में फूल वाले पौधों के रूप में मोनोकॉटिलिडॉन फैमिली में घास को वर्गीकृत किया गया है। इस घास की इस फैमिली का नामपोएसी रखा गया है । पोएसी नाम जॉन हेंडली बार्नहार्ट द्वारा 1895 में दिया गया था। रॉबर्ट ब्राउन द्वारा 1814 में वर्णित जनजाति पोए पर आधारित है और कार्ल लिनिअस द्वारा 1753 में वर्णित जीनस पोआ के प्रकार पर आधारित है । यह पोआ यानि चारा शब्द प्राचीन ग्रीक से लिया गया है । इसमें अनाज की घास, बांस और प्राकृतिक घास के मैदान की घास और लॉन और चरागाह में उगाई जाने वाली प्रजातियां शामिल हैं । चावल, गेहूं, और मकई मनुष्यों द्वारा खपत की जाने वाली सभी कैलोरी का आधे से अधिक प्रदान करते हैं। सभी आहार का 51% प्रदान करते हैं, चावल 20%, गेहूं 20%, मकई 5.5% और अन्य अनाज 6% प्रदान ऊर्जा करता

है । अनाज मनुष्यों के लिये कार्बोहाइड्रेट और प्रोटीन का प्रमुख स्रोत है, जिसमें दक्षिणी और पूर्वी एशिया में चावल, मध्य और दक्षिण अमेरिका में मकई, और गेहूं और यूरोप, उतरी एशिया और अमेरिका में जौ का अधिक उपयोग होता है । घास का उपयोग छप्पर, कागज, ईंधन, कपड़े, इन्सुलेशन, बाड़ लगाने के लिये लकड़ी, फर्नीचर, मचान और निर्माण सामग्री, फर्श की चटाई, खेल मैदान और टोकरी के निर्माण में भी किया जाता है । गन्ना चीनी उत्पादन का प्रमुख स्रोत है । गन्ने के अतिरिक्त खाद्य उपयोग में अंकुरित अनाज, अंकुर और प्रकंद शामिल हैं, और पेय में वे गन्ने का रस और पौधे का दूध, साथ ही रम, बीयर, व्हिस्की और वोदका शामिल हैं।

बांस के अंकुर कई एशियाई व्यंजनों और शोरबा में उपयोग किया जाता हैं, और सुपरमार्केट में विभिन्न कटा हुआ, ताजा, किण्वित और डिब्बाबंद दोनों उपलब्ध हैं। लेमनग्रास अपने खट्टे स्वाद और सुगंध के लिये एक पाक जड़ी बूटी के रूप में इस्तेमाल की जाने वाली घास है।

घास की कई प्रजातियों को चारागाह के रूप में या निर्धारित विशेष रूप से मवेशियों, पशुओं घोड़ों और भेड़ों के चारे के लिये चारे के रूप में उगाया जाता है । इस तरह की घास काट कर और बाद में खिलाने के लिये भंडारण किया जाता है ।

2

स्वास्थ्य, आहार और आयुर्वेद

आयुर्वेद जीवन का शाश्वत विज्ञान है। आयुर्वेद का पहला सिद्धांत स्वस्थ जीवन को बनाये रखना है जिसके लिये पौष्टिक आहार या संतुलित आहार की आवश्यकता होती है । आयुर्वेद में, मिलेट्स तृण धान्य वर्ग के समूह से संबंधित है । इसके पर्याय तृणधान्य, शूद्र धान्य आदि भी हैं।

भारतीय संस्कृत पाठ यजुर्वेद के छंदों में मिलेट का उल्लेख पाया जाता है। फॉक्सटेल मिलेट के लिये प्रियंगव, प्रोसो मिलेट के लिये आनाव और बरनार्ड मिलेट के लिये श्यामका नाम से उल्लेख है । इनका संकेत है कि मिलेट का वेद संस्कृति में उपभोग व्यापक रुप से किया जाता था।

कालिदास ने साहित्यिक कृति 'अभिज्ञान शाकुंतलम' में, ऋषि कण्व ने दुष्यंत के दरबार में शकुंतला को विदाई देते हुये शुभ प्रकृति को दर्शाने वाला प्रियंगव यानि फॉक्राटेल मिलेट डाला । वराह पुराण में मिलेट का उल्लेख किया गया है कि मिलेट को भगवान श्रीनिवास प्रियंगव चढ़ाने के लिये अनुकूल हैं।

15वीं शताब्दी के कवि, पुरंदर दास द्वारा लिखित कन्नड़ भाषा की रचना 'रागी ठंडीरा' कर्नाटक में उस समय के रागी की लोकप्रियता को उजागर करने के लिये बहुत मानी जाती है। 15वीं शताब्दी के पूर्वार्द्ध में हुये तेलुगु कवि श्रीनाथ ने आंध्र के तत्कालीन विजयनगर साम्राज्य के एक हिस्से पलनाडु क्षेत्र के लोगों के भोजन की आदत दलिया, किण्वित(फरमेंटेड) उत्पाद, खाना पकाने के लिये जवारी और बाजरा पर संपूर्ण निर्वाह के रूप में वर्णन किया । 16वीं शताब्दी ईस्वी में विजयनगर साम्राज्य का दौरा करने वाले पुर्तगाली यात्री फर्नाओ नुनिज़ ने

उल्लेख किया कि जवारी दक्षिण भारत में खपत होने वाला प्रमुख खाद्यान्न था।

आचार्य चरक ने बारह वर्गों में आहार का वर्गीकरण किया है । इनमें पहला शूक धान्य की वर्णन है । आधुनिक साहित्य में शूक धान्य की तुलना ऊर्जा देने वाले मोनोकोटाइलडॉन भोजन के रूप में की गई है । खाद्दान्न में मुख्य रूप से गेहूँ, चावल, मक्का, जई, जवार, रागी और बाजरा आते हैं । प्राचीन आचार्यों ने कुछ गुणों के साथ शाक, वीहि (चावल का एक प्रकार), यव और गेहूँ के साथ कुछ शूक धान्य का उल्लेख किया है जो रोगों की रोकथाम में महत्वपूर्ण भूमिका निभाते हैं । उन द्रव्यों में शीत, स्वाद में मीठा और विपाक (पाचन में मीठा) जैसे गुण हैं । इन्हें वातवर्धक, अल्पवर्ष, बृंहण, शुक्रल और मूत्रल के रूप में उपयोग किया जाता है ।

खाद्दान्न में नयासिन, आयरन, राइबोफ्लेविन और थायमिन और ज्यादातर फायबर (विशेष रूप से जौ, जई और गेहूं में) प्रचुर मात्रा में होते हैं। अनाज में घुलनशील चोकर भी होता है जो रक्त में कोलेस्ट्रॉल के स्तर को कम कर हृदय रोग को रोकने में सहायता करता है । बृहत्रयी में शूक धान्य वर्ग बहुतायत से आहार कल्पना में शूक धान्य वर्ग का महत्त्व है इसलिये शूक धान्य वर्ग की समीक्षा उनके टिप्पणीकारों के साथ बृहत्रयी से ली गई है। प्राचीन आहार सिद्धांतों के अनुसार उपयोगिता की जांच करने के लिये आहार की तुलना आधुनिक पोषण मूल्य से की जाती है ।

आयुर्वेद में रोगों की रोकथाम के साथ आहार, विहार (जीवनशैली) और आचार (व्यवहार) की रोग के उपचार में एक अनूठी भूमिका है । उनमें से आहार सबसे कुशल और तर्कसंगत है । आचार्य चरक का उल्लेख "रोगाश्च आहारसम्भव" आहार से उत्पन्न होने वाले रोग को दर्शाता है । आहार की प्रकृति शरीर की प्रतिरक्षा का प्रतिबिंब है। इसलिये आचार्यों ने केवल उन खाद्य पदार्थों को लेने की सलाह दी है जो स्वास्थ्य को बनाये रखने में सक्षम हैं । आहार में समायोजन करके और उचित खाने की आदतों को बनाये रखने से रोग को नियंत्रित किया जा सकता है । वास्तव में आयुर्वेद त्रयोपस्तंभ यानी आयुर्वेद के तीन स्तंभों पर आधारित है जो स्वस्थ मानव जीवन की मूल बातें हैं जो आहार, उचित नींद, ब्रह्मचर्य (संयम) हैं। मूल रूप से, आयुर्वेद दो सिद्धांतों पर, स्वास्थ्य को बनाये रखना और दूसरा रोग का उपचारध्यान केंद्रित करना है ।

इस प्रकार एक कहावत है " उपचार से रोकथाम बेहतर है"। आचार्यों का सुझाव है कि "मात्राशीयात्" (निश्चित मात्रा में आहार) या संतुलित आहार स्वस्थ जीवन को बनाए रखने के लिये जिम्मेदार है ।

शूकधान्यं शमीधान्यं समातीतं प्रशस्यते। पुराणं प्रायशो रूक्षं प्रयेणाभिनवं गुरु॥

यद्यदागच्छति क्षिप्रं ततल्लघुतरं स्मृतम्। पुराणमामं संक्लिष्टं क्रिमिव्यालहिमातपैः॥

उपरोक्त श्लोक के अनुसार आहार वर्ग इस प्रकार है। शूकधान्य वर्ग मकई, बाजरा आदि, शमी धान्य वर्ग सभी प्रकार की दालें, शाक वर्ग सभी शाक पदार्थ फलवर्ग, समस्त फल, हरित वर्ग (क्लोरोफल युक्त पदार्थ), गोरस वर्ग (दुग्ध पदार्थ), ईक्षु वर्ग (गन्ना व उससे बनने वाले पदार्थ), कृतान्नवर्ग (आँच पर पकाये पदार्थ), आहार यौगिक वर्ग (सभी प्रकार के पौष्टिक यौगिक), इसमें माँस व मद्यवर्ग को अध्यात्मिक दृष्टि से त्याज्य माना जाता हैं । इसमें शूक धान्य और शमी धान्य का वर्णन दिया गया है।

आचार्य चरक ने अन्नपान विधि अध्याय में बारह प्रकार के आहार का वर्णन किया है, उनमें से शूक धान्य पहला है। चक्रपाणी ने शूक धान्य को शालि, शशीतिका और व्रीही तीन वर्गों में विभक्त किया है। शूक धान्य स्पाइक्स के साथ होते हैं। आचार्य सुश्रुत ने शूक धान्य वर्ग का नाम से उल्लेख नहीं किया है, लेकिन शूक धान्य वर्ग के द्रव्य का वर्णन मुद्गादी, शाली और कुधान्य वर्ग में किया गया है ।

शाली धान्य (चावल, पैडी)

चरक संहिता में रक्तशाली, महाशाली, कलम, शकुनहृता, चूर्णक, देहरुशका, गौर, पांडुका, लंगूली, सुगंधक, लोहावाला, सारिवाख्या, प्रमोदक, पतंगा, तपनीया, यवक, हयान, पंसु, निषाद, को शाली धान्य कहा गया है । उनमें से रक्त शाली सबसे अच्छी गुणतत्ता का होता है, क्योंकि यह तीनों दोषों को शान्त करता है । वर्तमान जानकारी के अनुसार चावल की धान चावल, भूरे चावल और सफेद चावल तीन किस्में हैं । बाहरी भूसी वाले अखाद्य चावल को चावल का पैडी कहा जाता है। भूसी को दाने से निकाला जाता है तो उसे सफेद चावल के रूप में जाना जाता है। भूसी हटाने के बाद चावल को चोकर (भूरी त्वचा सिर्फ भूसी) कहा जाता है।

सुश्रुत संहिता में लोहित शाली, कलम, कर्दमक पांडुका, सुगंधक, शकुनहृता, पुष्पकंद, पुंडरिक, महाशैली, शीत, भीरुक, रोध्र, पुष्पक, दीर्घशालुक, कंचनक, महिषा, महाशूक, हयांक, दूषक, महादूषक कोशालि धान्य में सम्मिलित किया गया है ।

शष्टिक धान्य (चावल) के पर्याय

चरक संहिता में गौर, कृष्ण, वरक, उद्दलक, चीना, शरद, उज्जवला, दुर्दरा, गंधना, कुरुविंद शष्टिक धान्य के पर्याय नाम हैं ।

सुश्रुत संहिता में शष्टिक धान्य का उल्लेख शष्टिक, कंगुका, मुकुंदक, पीठक, प्रमोदक, महाभाष्य, चारणक, कुर्वक और केदार के पर्याय नाम से किया है । अष्टांग संग्रह और अष्टांग हृदय में शष्टिक धान्य के दो प्रकार गौर शष्टिक शशितका और असितगौर शष्टिक उपलब्ध हैं ।

आयुर्वेद में कुधान्य का वर्णन

चरक संहिता में कुधान्य शब्द नहीं है । लेकिन टीकाकार चक्रपाणि ने कुछ प्रजातियों को कुधान्य शामिल किया है, जैसे कुढनिया, कोरुडिशा, श्यामक, हस्ती श्यामक, नीवार,तोयारपर्णी,गावेधुका, प्रशस्तिका, श्यामाक, प्रियंगु, मुकुंद, जिंत्रीमुखी, वरुका, शिबिर, जुरान्वाहा ।

अष्टांग संग्रह में इनका नाम तृणधान्य रखा गया है और इसमें प्रियंगु, नीवरा, उद्दालक, मधुलिका, येव, वेणुयाव, गोधुम और नंदीमुखी का उल्लेख किया गया है। इस पर इंदु ने टिप्पणी करते हुए कोरदुशा को कोड़रवा भी बताया है।

यव धान्य (बारली याहोर्डीयम वल्गेरी)

चरक संहिता में यव को शूक धान्य वर्ग में वर्गीकृत किया गया है । जबकि सुश्रुत संहिता में इसे मुद्गादि वर्ग में रखा गया है । इसी तरह गेंहु को भी वर्गीकृत किया गया है ।

जवार (ग्रेटर मिलेट या सोरघम वुल्गेरी)

आयुर्वेद के अनुसार जवार में मधु और कषाय जैसे रस, लघु, शीत वीर्य और वात और कफ दोष को शान्त करता है। जवार में आयरन, कैलिशयम, पोटैशियम और फॉस्फोरस जैसे आवश्यक पोषक तत्व होते हैं। यह शरीर में थायमिन और राइबोफ्लेविन की अच्छी मात्रा को बनाये रखता है। फाइटोकेमिकल्स भी उच्च मात्रा में उपस्थित होते हैं जो मोटापा कम करने में उपयोगी होते है। यह हृदय के लिये भी लाभकारी माना जाता है ।

बाजरा (पर्ल मिलेट) पनीसेटम ग्लौसम

बाजरा रस में मधुर, रुक्ष, उष्ण वीर्य होता है और वात और कफ दोष को कम करता है। इसमें गेहूं और चावल की तुलना में अपेक्षाकृत कम ग्लाइसेमिक ईंडेक्स होता है। बाजरा में मैग्नीशियम हृदय के आघात के प्रभाव को कम करने में सहायक होता है। बाजरा में नयासिन होता है जो कोलेस्ट्रॉल के स्तर को कम करने में सहायक होता है। इसका सेवन ट्राइग्लिसराइइस और सी-रिएक्टिव प्रोटीन में कमी का करता है। बाजरा में अन्य खनिज की कमी पाई जाती है।

शूक धान्य

महाशालि, कलम से रोपा गया धान, शकुनाहृत, तूर्णक, दीर्घशूक, गौर धान्य (गौरिया), पाण्डुक,पाल, सुगन्धिक (बासमती), लोहवाल, सारिका, प्रमोदक, पतंग तथा जपनीय, रक्तशाली (लाल धान) ये सभी प्रकार के चावल होते हैं और भी जो अन्य श्रेष्ठ धान्य होते हैं, वे सभी रस और विपाक में मधुर एवं शीतवीर्य होते है। ये चावल कुछ वातकारक, मल को बांधने वाले, अल्प मल लाने वाले, शुक्र और मूत्र को लाने वाले होते हैं। इन सभी धान्यों में लाल शाली चावल सबसे श्रेष्ठ होता है। प्यास को बढ़ाता है और त्रिदोषशामक है। उसके बाद महाशालि, फिर कलम धान का स्थान है और उत्तरोत्तर आगे कहे गये धान्य के गुण कम होते जाते हैं। जैसे यवकधान्य, हायनधान्य, पांशुधान्य, वाप्यधान्य, नेपघ्क आदि शालिधान्य रक्तशालि आदि धान्यों के समान ही गुणदोष वाले होते हैं।

रक्तशालि

षष्टिकधान्य के गुण साठी का चावल शीतवीर्य, स्निग्ध, हलका मधुर और त्रिदोषनाशक है और शरीर को स्थिर बनाता है। इसके गौर और कृष्ण दो भेद होते हैं । इनमें गौर श्रेष्ठ और कृष्ण उससे कुछ न्यून गुण का होता है। वर्क (टोकन), उद्दालक (कोदो), चीन (चीना), शारद होते हैं।

ये धान्य तृष्णाघ्न, त्रिदोषघ्न कहे गये हैं। उनके विपरीत तृष्णा कारक, त्रिदोषकारक आदि विपरीत गुणों से यवक आदि धान्य आदि का अनावरण करते हैं। अतः यवक आदि प्यास और त्रिदोष को बढ़ाने वाले होते हैं।

ब्रीहि धान्य या शारद धान्य रस में मधुर और विपाक में अम्ल होते हैं, पित्तकारक और भारी होते हैं।

पाटिल धान्य गूत्र, पुरीष और ऊष्मा को बढ़ाने वाला एवं त्रिदोष को कुपित करने वाला होता है।

गेहूं स्तनों का सन्धान करने वाला, वातनाशक, रस में मधुर, वीर्य में शीत, जीवनीय, वृष्य, और शरीर को स्थिर बनाता है एवं भारी होता है। दोनों मधुर, स्निग्ध और शीतवीर्य होते हैं ।

शमीधान्य मूंग रस में कषाय-मधुर, रुक्ष, शीत और पाक में कटु एवं लघु होता है। यह पिपासानाशक और दालों में श्रेष्ठ होता है।

उड़द उड़द वृष्य, वातनाशक, स्निग्ध, उष्णवीर्य, मधुर रस, गुरु, बलवर्धक, मल-मूत्र अधिक उत्पन्न करने वाला और पौरुष शक्ति को शीघ्र बढ़ाने वाला होता है।

राजमाष बड़ा उहद विरेचक, रुचिकारक, कफवीर्यहर एवं अम्लपित्तनाशक है। यह मधुर, वातनाशक, रूक्ष, कषाय, विशद और गुरु होता है ।

कुलथी उष्ण, कषाय, विपाक में अम्ल, कफ-शुक्रहर, वातनाशक, संग्राहक; कास, हिकका, श्वास और अर्श रोगनाशक है ।

मोठ मधुर रस और मधुर विपाक वाला होता है। यह ग्राह्यी, रूक्ष और शीतवीर्य होता है। रक्तपित्त और ज्वर आदि रोगों में उत्तम पथ्य होता है।

चना मसूर, खेसारी और मटर की दाल लघु, शीतवीर्य, मधुर, कषाय होती हैं। ये पित्तश्लेष्मज रोगों में दाल के लिये और चने की दाल संग्राही है और मटर की दाल वातवर्धक है।

तिल स्निध, उष्णवीर्य और मधुर, तिक्त, कषाय तथा कटु रस वाला होता है और केश के लिये हितकर, बलवर्धक, वातनाशक और कफ एवं पित्त को बढ़ाने वाला होता है

शिम्बीधान्य मधुर, शीतल, कलाकार और देर में रूक्षता जनक होते हैं। बलवान पुरुष का नह (धान्तल) के साथ प्रयोग करना चाहिये। कोष्ठ में वात को प्रकुपित करने वाली होती है और कब्ज के साथ पचने वाली होती है।

अरहर अरहर की दाल कफ तथा पित्त नाशक होती है तथा वातकारक है। बाकुची ओर चकवड़ के बीज ये कफ और वात का नाश करते हैं। सेम के बीज वात-कफ को बढ़ाते हैं।

3

मिलेट की उत्पत्ति

प्राचीन काल से मिलेट एशिया और अफ्रीका में लगाई गई फसल है । वहाँ की स्थानीय लोगों द्वारा सेवन किया गया और अपनाया गया और विश्व के अन्य क्षेत्रों में मिलेट की फसलें उगाई जाने लगी । आगे अन्य क्षेत्रों में विविधता और अनुकूलन और विभिन्न उपयोग विकल्पों को जन्म दिया ।

जवार या सोरघम की उत्पत्ति उतर पूर्वी अफ्रीका में हुई थी, जहाँ लगभग 5,000 से 8,000 साल पहले घरेलू फसल हुआ करती थी । जवार की सबसे बड़ी खेती की विविधता अफ्रीका के कुछ हिस्से में पाई जाती थी। जवार की उत्पत्ति का सेकन्डरी केंद्र भारतीय उपमहाद्वीप रहा है । भारत में लगभग 4,500 साल पहले से ही जवार की खेती के प्रमाण हैं।

पर्ल मिलेटया बाजरा का वर्चस्व उत्तरी मध्य सहेलियन अफ्रीका में लगभग 4500 ईसा पूर्व हुआ । इसकी उत्पत्ति पश्चिम अफ्रीका में हुई थी । पश्चिम अफ्रीका में पर्ल मिलेट एक प्रमुख अनाज की फसल बनी । यह पूर्वी और दक्षिणी अफ्रीका में और भारत के अर्ध शुष्क से शुष्क क्षेत्रों में भी व्यापक रूप से उगाई जाती है। पर्ल मिलेट की खेती का सबसे पुराना पुरातात्विक साक्ष्य लगभग 2,500 ईसा पूर्व माली में पाया गया था ।

फिंगर मिलेट या रागी अफ्रीकी मूल की एक फसल है जो प्रागैतिहास काल में एशिया की उपज रही है, जिसे भारत में कभी कभी कोराकन या रागी नाम या इथियोपिया में डगुसा के रूप में भी जाना जाता रहा है। हालांकि फिंगर मिलेट की जंगली पूर्वज प्रजातियाँ (एल्यूसिन अफ्रीकाना कैनेडी-ओ'बर्न) रही हैं । फिंगर मिलेट 4000 साल पहले की फसल रही है और फिर 3000 साल पहले भारत में और 2000 साल पहले दक्षिणी अफ्रीका में खेती की जाने लगी है । भारत फिंगर

मिलेट को विविधता का सेकेन्डरी केंद्र माना जाता है ।

इस प्रजाति की अच्छी तरह से स्थापित, स्थान और अफ्रीकी मूल श्रेणी जहां इसकी खेती की गई थी, अस्पष्ट बनी हुई है। एक सीमित आनुवंशिक अध्ययन ने सुझाव दिया कि पश्चिमी तंजानिया की पहाड़ियाँ फिंगर मिलेट का उत्पत्ति क्षेत्र हो सकती हैं, जबकि कई वनस्पतिशास्त्रियों ने इथियोपिया को मूल बिंदु के रूप में इंगित किया है। इन्वेरॉनमेंटल पारिस्थितिक रूप से इसे एक पहाड़ी वातावरण की फसल माना जाता है और यद्दपि एक फसल के रूप में 900 मीटर से ऊपर पहाड़ी क्षेत्रों में उगाया जाता है, फिर भी, सीमित सीमा में इसे निचले इलाकों में उगाया जा सकता है । ऐसा प्रतीत होता है एक माध्यमिक अनुकूलन के कारण हिमालय में भारत से लेकर नेपाल और दक्षिणी चीन तक इसकी खेती की जाने लगी है । फिंगर मिलेट अन्य मिलेट की तुलना में कुछ हद तक कम कठोर होता है, समृद्ध और गीली मिट्टी में अच्छी फसल होती है, इसके असाधारण भंडारण लाभ हैं। फिंगर मिलेट के दानों पर शायद ही कभी कीटों द्वारा हमला किया जाता है या भंडारण में खराब किया जाता है, और आमतौर पर फिंगर मिलेट की शेल्फ लाइफ एक दशक तक बताई जाती है। यद्यपि यह 500 मिमी वर्षा के साथ जीवित रह सकता है, यह आम तौर पर 800-1,000 मिमी पर उगाया जाता है । यह अक्सर स्थानांतरण खेती के चक्र में पहली फसल होती है या चावल के बाद दूसरी फसल होती है, क्योंकि यह अन्य मिलेट की तरह खराब मिट्टी पर भी अच्छी फसल नहीं उपजती है। जबकि फिंगर मिलेट से दलिया और फ्लैट ब्रेड में बनाया जा सकता है, अफ्रीका और एशिया के कुछ हिस्सों में फिंगर मिलेट की बियर पारंपरिक हैं ।

फॉक्सटेल मिलेट याइटैलियन मिलेट मिलेट में 100 से अधिक प्रजातियों की खेती योग्य बनाया गया था । उनमें से सेतरिया, एस. मैक्रोस्टाच्या, एस. पुमिला, और फॉक्सटेल मिलेट (एस. इटालिका) प्रमुख प्रजातियाँ हैं । केवल फॉक्सटेल मिलेट विश्व भर में एक फसल बन गया, चीनी सभ्यता के विकास में फॉक्सटेल मिलेट बहुत योगदान रहा है और यह शुष्क और अर्धशुष्क क्षेत्रों में मुख्य अनाज के रूप में रहा है । फॉक्सटेल मिलेट की खेती के पहले ग्रीन फॉक्सटेल की खेती की जाती थी और दोनों को एक ही प्रजाति के रूप में माना जा सकता है। यह 8000 साल से भी पहले चीन में उपजाया जाता रहा है ।

प्रोसो मिलेटया चेन्ना,बर्री यह साधारण मिलेट का इतिहास में सबसे पुराना है। अधिकांश साक्ष्य इसे मध्य या पूर्वी एशियाई मूल के रूप में बताते हैं, क्योंकि इसकी विविधता मंगोलिया, चीन और पूर्वी एशिया में पाई जाती है ।

लिटिल मिलेटया कुटकी, शवन की फसल की उत्पत्ति संभावित भारतीय मूल को छोड़कर अच्छी तरह से प्रलेखित नहीं है क्योंकि यह भारत के लिये स्थानिक है और भारत की सभी स्थानीय भाषाओं में इसका नाम है। लिटिल मिलेट की खेती या प्राकृतिक रूप से पूरे भारत और श्रीलंका और अन्य पड़ोसी देशों में खेती की जाती थी । भारत के बाहर कोई विविधता और संबंधित जंगली प्रजातियां नहीं पाई जाती हैं, जो भारतीय मूल की सूचक हैं।

बार्नयार्ड मिलेटया सानवा की उत्पत्ति के बारे में अधिक जानकारी नहीं है। यह सहमति है कि इनकी उत्पत्ति मध्य एशिया में हुई थी । इचिनोचोला क्रूस-गैली को जापान, चीन और कोरिया में फसल बनाया गया था जबकि इचिनोक्लोआ फ्रूमेंटेसिया को भारत में फसल योग्य बनाया गया था।

कोदो मिलेट जिसे गाय घास, चावल घास, खाई मिलेट, देशी, या भारतीय क्राउन ग्रास के रूप में भी जाना जाता है। 3000 साल पहले भारत में खेती होने का अनुमान है। कोदो मिलेट उष्णकटिबंधीय अफ्रीका में उत्पन्न होता था और यह पासपालम की प्रजाति स्क्रोबिकुलेटम भारत में एक महत्वपूर्ण फसल के रूप में उगाया जाता है, जबकि पास्पलम कॉमर्सोनी अफ्रीका की जंगली किस्म है। अक्सर यह चावल के खेतों में अवांछित पौधों के रूप में उगता है। कई किसानों को इससे ऐतराज नहीं है, क्योंकि अगर उनकी प्राथमिक फसल विफल हो जाती है तो इसे वैकल्पिक फसल के रूप में काटा जा सकता है।

4

जवार या ज्वार

जवार

पर्याय नाम

- अंग्रेजी नाम सोरगम
- बंगाली जोवर
- गुजराती जवारी, जुआर
- हिंदी जवार, जवारी

* कन्नड जोला
* तेलुगु जोन्नालु
* तमिल चोलम

परिचय जवार 5000 से अधिक वर्षों से मानव आहार का हिस्सा रहा है, इसके उपयोग का पता कई सभ्यताओं में उपजाया गया है। विश्व में जवार ग्रेट मिलेट, जवार, चोलम, जोला, जोना, डुर्रा, इजिपशियन मिलेट, फेटेरिटा, गुआना कॉर्न, जवारी, जुवार, मिलो, शल्लु, उथू, कॉलियांग, गॉलियांग, काफिर कॉर्न, दुरा, दारी, मटामा, सोलम आदि नामों से पाया जाता है। जवार ज्यादातर उष्णकटिबंधीय और उपोष्णकटिबंधीय जलवायु में पाया जाता है। जवार के पर्याय सोरघम ग्रेट मिलेट और ईंडियन मिलेट जवार हैं । यह अफ्रीका में उत्पन्न यह एक घास का पौधा है, अफ्रीका में यह एक प्रमुख फसल बन गई है । यह मानव उपभोग के अलावा कई उद्देश्यों के लिये उगाया और बेचा जाता है । जवार एक लोकप्रिय पशु चारा है और साथ ही एक उभरता हुआ जैव ईंधन है । तीस से अधिक विभिन्न देशों में 500 मिलियन से अधिक लोग अपने आहार के प्रमुख भाग के रूप में इस पर निर्भर हैं ।

इसे सारे विश्व में उगाई जाने वाली पांचवीं सबसे महत्वपूर्ण अनाज की फसल के रूप में जाना जाता है । एक स्वस्थ अनाज होने के अलावा जवार गेहूं का एक ग्लुटेन मुक्त विकल्प है । इसका चारा पशुओं के लिये उपयोग किया जाता है ।

जवार (सोरघम) प्रोटीन का प्रमुख भाग प्रोलामिन (काफिरिन) होता है जिसमें खाना पकाने पर पाचनशक्ति को कम करने की एक अनूठी विशेषता होती है जो कुछ आहार समूहों के लिये स्वास्थ्य लाभ हो सकता है । खाना पकाने पर सोरघम प्रोटीन अन्य अनाज प्रोटीनों की तुलना में काफी कम पचने योग्य होते हैं, जो कुछ आहार समूहों के लिये स्वास्थ्य लाभ हो सकता है ।

यह प्रोटीन, आहार फायबर, थायमिन, राइबोफ्लेविन, फोलिक एसिड और कैरोटीन से भरपूर अनाज है । यह आयरन, जिंक और सोडियम, पोटेशियम, फास्फोरस और कैल्शियम से भरपूर होता है । जवार सुबह के नाश्ते में सेवन की जाती है । यह वजन घटाने के लिये लोकप्रिय भोजन भी है । जवार के रोटी के लाभों के कारण गेहूं के रोटी के बदले उपयोग में आती है । चावल और गेहूं की तुलना में, जवार में कैल्शियम का उच्च मात्रा होती है । साधारणतया जवार की दो किस्में, सफेद जवार और पीली जवार पाई जाती हैं । डायबिटीज के भोजन योजना में जवार को सही अनाज माना जाता है । जवार में स्टार्च की उपस्थिति इस साधारण

अनाज को डायबिटीज के भोजन योजना में मुख्य भोजन बनाती है । सफेद जवार का ग्लाइसेमिक इंडेक्स 49.85 होता है तो पीली जवार का ग्लाइसेमिक इंडेक्स 52.56 है ।

जवार का चोकर टैनिन से भरपूर एंजाइम्स को स्रावित करता है जो शरीर में शर्करा और स्टार्च के अवशोषण को कम करते हैं । इस तरह जवार प्रकार शरीर में ग्लूकोज के स्तर और इंसुलिन संवेदनशीलता को नियंत्रित होकर डायबिटीज नियंत्रण में सहायता मिलती है । इनके अलावा, फायबर, थायमिन, नियासिन, राइबोफ्लेविन और फोलेट जवार में उच्च गैस्ट्रिक खाली करने में देरी करता है, रक्तप्रवाह में ग्लूकोज की स्राव और अवशोषण को धीमा करता है और रक्त शर्करा के स्पाइक्स को रोका जाता है । नियमित रूप से जवार की रोटी का सेवन करने से ग्लूकोनियोजेनेसिस कम हो सकता है ।

जवार के पोषक गुण पोषक गुणों के अनुसार 100 ग्राम जवार में कैलोरी 339,कुल वसा 3.3 ग्राम, संतृप्त वसा 0.5 ग्राम, पॉलीअनसेचुरेटेड वसा 1.4 ग्राम, मोनोअनसैचुरेटेड वसा 1 ग्राम,सोडियम 6 मिलीग्राम, पोटेशियम 350 मिलीग्राम, कुल कार्बोहाइड्रेट 75 ग्राम, डायटरी फायबर 6 ग्राम, प्रोटीन 11 ग्राम होती है ।

बहुत से लोग इसकी अनोखी विशेषताओं विशेष रूप से, सीलिएक रोग वाले लोग ग्लुटेन मुक्त आटा के स्रोत के रूप में उपयोग किया जाता है ।

जवार को फेनोलिक यौगिकों से समृद्ध होता है, जिनमें से कई एंटीऑक्सिडेंट कार्य करते हैं। एंटीऑक्सिडेंट गुणों के कारण सूजन को कम कर सकता है । जवार के कई व्यंजन बनाये जा सकते हैं जैसे जवार उपमा, जवार इडली, जवार दोसा, जवार मूँग दाल खिचडी, जवार उत्तपम, जवार मुठिया

5

बाजरा

बाजरा

पर्याय नाम

- अंग्रेजी नाम पर्ल मिलेट
- पंजाबी बाजरा
- बंगाली बाजरा
- गुजराती बाजरी

- मराठी बाजरी
- तमिल कंबु
- हिंदी बाजरा
- कन्नड सज्जे
- तेलुगु सज्जालु

परिचय बाजरा सबसे पुराना खाद्य पदार्थ है। बाजरा हमारे पुरखों द्वारा, उपयोग में लाया जाने वाला, बहुत पुराना धान होता है। इसको अंग्रेज़ी में 'पर्ल मिलेट' कहते हैं। यह अनाज मूल रूप से भारत या अफ्रीका से उत्पन्न हुआ है। बाजरा एक मोटे अनाज की फसल है और इसे गरीब आदमी का मुख्य पोषण माना जाता है और शुष्क भूमि में खेती के लिये उपयुक्त है। भारत में प्रमुख बाजरा उत्पादन राज्य हैं: राजस्थान, महाराष्ट्र, हरियाणा, उतर प्रदेश और गुजरात। बाजरे को बहुमूल्य पशु चारे के रूप में भी इस्तेमाल किया जा सकता है। यह चीन, भारत, दक्षिण पूर्वी एशिया, सूडान, पाकिस्तान, अरब, रूस और नाइजीरिया की प्रमुख फसलों में से एक है।

बाजरा के दो मुख्य समूह प्रमुख बाजरा (शर्बत और मोती बाजरा) और अनाज के आकार के आधार पर छोटे बाजरा हैं । दोनों प्रमुख और छोटे बाजरा पारंपरिक रूप से भारत में गरीब लोगों के आहार के मुख्य घटक रहे हैं । पहले यह कुछ ग्रामों का अहम खाद्य पदार्थ होता था । पहले केवल श्रमिक और ग़रीब वर्ग के लोगों का प्रमुख खाद्दान्न था । बाजरा में कई स्वास्थ्यकारी लाभ होते हैं । बाजरा का मूल्य अधिक नहीं होता और बहुत ही आसानी से मिल जाता है । इसकी उपलब्धता के कारण इसका उपयोग सुगमता से कर सकते हैं । आम तौर से इस खाद्यान्न का बहुत उपयोग महाराष्ट्र,राजस्थान, पंजाब, गुजरात, उत्तरप्रदेश, हरियाणा, आंध्र प्रदेश और पंजाब और दक्षिण भारत में होता है । बाजरा के उपयोग कई व्यंजन बनाने में किया जाता है । उदाहरण के रूप में, बाजरे से खिचड़ी, पूड़ी, मोठ, चीला, हलवा, दलिया और बियर भी बनाई जा सकती है । बाजरे का चारा, पशुओं के लिये लाभदायक होता है ।

बाजरा के पोषक गुण बाजरा में प्रोटीन 12-16% और वसा 4-6% की उच्च मात्रा होती है। इसमें 11.5% डाइटरी फायबर होता है। यह आंत में भोजन के ट्रांसजिट (पारगमन) समय को बढ़ाता है । इसलिये, सूजन आंत्र रोग के जोखिम को कम करता है । बाजरा में नियासिन की मात्रा अन्य सभी अनाजों की तुलना में अधिक होती है । इसमें फोलिकेट, मैग्नीशियम, लोहा, तांबा, जस्ता और विटामिन

ई और बी-कॉम्प्लेक्स भी शामिल हैं । अन्य बाजरा की तुलना में इसमें उच्च ऊर्जा सामग्री होती है। यह कैल्शियम और असंतृप्त वसा में भी समृद्ध है जो स्वास्थ्य के लिये अच्छे हैं ।200 ग्राम बाजरा के पोषक तत्व मूल घटक प्रोटीन 22 ग्राम, जलीयांश 17.3 ग्राम, कुल कैलोरी 756, कुल कार्बोहाइड्रेट 146 ग्राम, आहार फायबर 17 ग्राम, कुल वसा 8.4 ग्राम, संतृप्त वसा 1.4 ग्राम, मोनोअनसैचुरेटेड वसा 1.5 ग्राम, पॉलीअनसेचुरेटेड वसा 4.3 ग्राम, ओमेगा 3 फैटी एसिड 236 मिलीग्राम, ओमेगा 6 फैटी एसिड 4 ग्राम, विटामिन ई 100 एमसीजी, विटामिन के 1.8 एमसीजी, थायमिन 842 एमसीजी, राइबोफ्लेविन 580 एमसीजी, नियासिन 9.4 मिलीग्राम, विटामिन बी6 768 एमसीजी, फोलेट 170 एमसीजी, पैंटोथेनिक एसिड 1.7 मिलीग्राम, खनिज कैल्शियम 16 मिलीग्राम, आयरन 6 मिलीग्राम, मैग्नीशियम 228 मिलीग्राम, फास्फोरस 570 मिलीग्राम, पोटेशियम 390 मिलीग्राम, सोडियम 10 मिलीग्राम, जिंक 3.4 मिलीग्राम, कॉपर 1.5 मिलीग्राम, मैंगनीज 3.3 मिलीग्राम, सेलेनियम 5.4 एमसीजी

बाजरा में उच्च फायबर की मात्रा पाई जाती है। जो हमारे शरीर के कोलेस्ट्रॉल को कम करने में बहुत सहयक होता है । कोलेस्ट्रॉल को नियंत्रित में रखने में बाजरे का सेवन बहुत लाभकारी होता है। बाजरा दमे की बीमारी को रोकना,ब्लड-शुगर को नियंत्रित करना, कैन्सर के भय को कम करने में उपयोगी पाया गया है । बाजरा के सेवन करने से डायबिटीज होने का खतरा कम हो जाता है। बाजरा में सही मात्रा में आहार फ़ायबर पाया जाता है। इसको भोजन का एक अभिन्न अंग बनाया जा सकता है। इसे थोड़ा सा भी सेवन करने पर बहुत देर तक, दोबारा खाने की इच्छा नहीं होती है इसी वजह से अधिक आहार सेवन से बचा जा सकता है। अल्प सेवन से भी अधिक ऊर्जा या एनर्जी, लम्बे समय तक मिल जाती है। शरीर का वजन कम करने के लिये भी बाजरे के भोजन को अहम रूप में सेवन कर सकते हैं। इसका सीधा प्रभाव उनके वज़न पर पड़ता है । बाजरा में एक तत्व ट्रीप्टोफन पाया जाता है । यह तत्व, हमारे शरीर में 'सेरोटोनिन' के लेवल को बढ़ाता है। सेरोटेनिन एक ऐसा तत्व है, जो हमारे शरीर में, तनाव (टेंशन) नहीं बनने देता । अतः यह तनाव को कम करता है। सोने से पहले, यदि आप हर रात, बाजरे के दलिया को थोड़ी मात्रा में सेवन करने से अच्छी आरामदायक नींद आ सकती है ।

बाजरा में प्रचूर मात्रा में, एंटीऑक्सीडेंट और फिनोलिक्स पाये जाते हैं। बाजरा, पाचन प्रणाली को सामान्य करने में भी सहायता करता है। यह तत्व बढ़ती उम्र पर विराम लगाते हैं। बाजरा त्वचा के, बढ़ती उम्र के संकेत दिखने ही नहीं देता । यह त्वचा को सेहतमंद सुंदर और ताज़ा बना कर रखता है। वहीं यह चेहरे पर, झुर्रियाँ

भी मिटा सकता है।

बाजरा के स्वास्थ्य लाभ बाजरा के कुछ स्वास्थ्य इस प्रकार हैं-

बाजरा ऊर्जा का बहुत अच्छा स्रोत है। यह हृदय के स्वास्थ्य को बढ़ावा देता है। बाजरा शरीर के वजन कम करने में मदद करता है। बाजरा पाचन विकारों में मदद करता है। बाजरा कैंसर को रोकने में मदद कर सकता है। बाजरा रक्त शर्करा के स्तर को नियंत्रित करता है और इसलिये डायबिटीज को कन्ट्रोल करने के लिये अच्छा है।

सावधानी

किसी भी खाद्यान्न का ज़्यादा उपयोग हानिकारक हो सकता है । यह दुष्प्रभाव ला सकता है। इसी वजह से यह मान्यता है, कि बाजरे को जब भी आप इस्तेमाल करें, तो आप इस बात का ख़्याल रखें, कि आप इसका सेवन कम मात्रा में ही करें। अगर आप इसका काफ़ी ज़्यादा मात्रा में सेवन करते हैं, तो आपको ये दिक्कतें हो सकती हैं- बाजरा के भीतर 'गोईट्रोजन' होता है। इसके कारण थायराइड की समस्या हो सकती है । बाजरा के अधिक मात्रा में सेवन से स्किन या त्वचा रूखी हो सकती है । बाजरा का अधिक इस्तेमाल करना, तनाव, चिंता और सोचने की शक्ति पर भी असर डाल सकता है ।

6
कोदो

कोदो

पर्याय नाम

- अंग्रेजी नाम कोदो मिलेट
- पंजाबी कोद्रा
- मराठी कोद्रा
- तमिल वारागु
- हिंदी कोदो
- कन्नड हारका
- तेलुगु अरिकेलु, अरिका

परिचय खाद्यान्न फसलों में कोदो या कोदों या कोदरा (पेस्पैलम स्कोरबिकुलेटम) भारत का एक प्राचीन अनाज है, जिसे ऋषि अन्न का दर्जा प्राप्त है । ऐसा माना जाता है कि जब महर्षि विश्वामित्र जब सृष्टि की रचना कर रहे थे तो सबसे पहले उन्होंने कोदों अन्न की उत्पत्ति की थी ।

कोदो मिलेट अत्यधिक सूखा प्रतिरोधी फसल है। यह सभी मिलेट खाद्यान्नों में सबसे मोटा है। कोदो मिलेट को गाय की घास, चावल घास, खाई बाजरा, देशी पासपालम या भारतीय क्राउन ग्रास के रूप में भी जाना जाता है। यह उष्णकटिबंधीय अफ्रीका में उत्पन्न होता है और अनुमान है कि यह 3000 साल पहले भारत में उपजाया जाने लगा था । कोदो एक सींग वाले बीज के कोट से ढका होता है जिसे पकाने से पहले हटा दिया जाना चाहिये । डायबिटीज की बीमारी से पीड़ित रोगियों को चावल के विकल्प के रूप में अनाज की सिफारिश की जाती है । यह एक जल्दी पकने वाली सबसे अधिक सूखा अवरोधी आदिवासी प्रिय फसल है। यह गरीबों की फसल मानी जाती है, क्योंकि इसकी खेती अनउपजाऊ भूमि में बिना खाद पानी के ही की जाती है । कोदो को 3,000 साल पहले इसे भारत लाया गया । नेपाल व भारत के विभिन्न भागों में इसकी खेती की जाती है । दक्षिणी भारत में इसे कोद्रा कहा जाता है, जो कम वर्षा में भी पैदा हो जाता है और साल में एक बार उगाया जाता है । भारत में कोदो पैदा करने वाले राज्य महाराष्ट्र, उत्तरी कर्नाटक, तमिलनाडु के कुछ भाग, मध्य प्रदेश छत्तीसगढ़ पश्चिम बंगाल के कुछ भाग, बिहार, गुजरात एंव उत्तर प्रदेश है। और यह भारत के अलावा मुख्य रूप से फिलिपींस, वियतनाम, मलेशिया, थाईलैंड और दक्षिण अफ्रीका में उगाया जाता है। दक्कन के पठारी क्षेत्र को छोड़कर भारत के अन्य हिस्सों में इसे उगाया जाता है। यह पश्चिमी अफ्रीका के जंगलों में एक बारहमासी फसल के रूप में उगता है और वहां इसे अकाल भोजन के रूप में जाना जाता है। अकसर यह धान के खेतों में घास के समान उग जाता है।

इसमें उच्च प्रोटीन की मात्रा 11%, वसा 4.2% और आहार फायबर 14.3% होती है । कोदो अनाज में 8.3 प्रतिशत प्रोटीन, 1.4 प्रतिशत वसा, 65.6 प्रतिशत कार्बोहाइड्रेट और 2.9 प्रतिशत राख होती है। कोदो मिलेट बी विटामिन विशेष रूप से नियासिन, पाइरिडोक्सिन और फोलिक एसिड के साथ-साथ कैल्शियम, लोहा, पोटेशियम, मैग्नीशियम और जस्ता जैसे खनिजों में समृद्ध है । इसमें लेसिथिन की उच्च मात्रा होती है और यह तंत्रिका तंत्र को मजबूत करने के लिये उत्कृष्ट है ।

कोदो मिलेट दक्षिण अमेरिका के उष्णकटिबंधीय और उपोष्णकटिबंधीय क्षेत्रों का मूल निवासी है कोदो मिलेट पूरे भारत में सबसे अनुपजाऊ मिट्टी में बड़े

पैमाने पर उगाया जाता है, यह अत्यंत कठोर, सूखा प्रतिरोधी माना जाता है और जो मिट्टी अन्य फसलों का समर्थन नहीं करती है ऐसी पथरीली या बजरी वाली मिट्टी पर उगता है । अन्य मिलेट्स की तरह दो से चार महीने की तुलना में कोदो को परिपक्व होने के लिये चार से छह महीने की अवधि लगती है । वैसे अब कम अवधि की किस्में विकसित कर ली गई हैं । कोदो एक वार्षिक गुच्छेदार घास है जो 90 सेमी तक ऊँची होती है। अनाज कठोर, कठोर, लगातार भूसी में संलग्न होता है जिसे निकालना मुश्किल होता है । दाने हल्के लाल से गहरे भूरे रंग में अलग किये जा सकते हैं ।

इसका पौधा धान या बड़ी घास के आकार का होता है। कोदो का पौधा धान के पौधे जैसा ही होता है, लेकिन खास बात यह है कि इसकी खेती में धान से बहुत कम पानी की जरूरत होती है। लोग कोदो के बारे में इतना ही जानते हैं, लेकिन कोदो का पौधा 60-90 सेमी तक ऊंचा व सीधा होता है।

इसके बीज चमकीले, गहरे बैंगनी रंग के, छोटे, सफेद, गोल सरसों के समान होते हैं। इसका रंग श्यामला होता है। कोरोना काल ने लोगों के खानपान की आदत को भी बदला है और अब स्वाद के साथ लोग सेहत पर भी ध्यान दे रहे हैं।

इसकी फसल पहली बर्षा होते ही बो दी जाती है और भादों में तैयार हो जाती है। इसके लिये बढ़िया भूमि या अधिक परिश्रम की आवश्यकता नहीं होती। कहीं-कहीं यह रूई या अरहर के खेत में भी बो दिया जाता है। अधिक पकने पर इसके दाने झड़कर खेत में गिर जाते हैं, इसलिये इसे पकने से कुछ पहले ही काटकर खलिहान में डाल देते हैं। छिलका उतरने पर इसके अंदर से एक प्रकार के गोल चावल निकलते हैं जो खाए जाते हैं।

कभी कभी इसके खेत में 'अगिया' नाम की घास उत्पन्न हो जाती है जो इसके पौधों को जला देती है। यदि इसकी कटाई से कुछ पहले बदली हो जाय, तो इसके चावलों में एक प्रकार का विष आ जाता है । वैद्यक के मत से यह मधुर, तिक्त, रूखा, कफ और पित्तनाशक होता है। नया कोदो कुरु पाक होता है, फोड़े के रोगी को इसका पथ्य दिया जाता है।

कोदो के पोषण गुण कोदो बाजरा प्रोटीन, आयरन और हड्डियों के स्वास्थ्य के लिये महत्वपूर्ण कैल्शियम का समृद्ध स्रोत है । इसमें बी विटामिन की भी नगण्य मात्रा होती है । 100 ग्राम कोदो बाजरा निम्नलिखित पोषक तत्व होते हैं कैलोरी 353 किलो कैलोरी, आहार फायबर 5.2 ग्राम, प्रोटीन 9.8 ग्राम, कार्बोहाइड्रेट 66.6 ग्राम, वसा 3.6 ग्राम, आयरन 1.7 मिलीग्राम, विटामिन बी6 0.15 मिलीग्राम, कैल्शियम 35 मिलीग्राम, विटामिन बी2 0.09 मिलीग्राम, विटामिन बी3 2

मिलीग्राम ।

औषधीय गुण

एंटी डायबिटिक कोदो के नियमित सेवन से रक्त ग्लूकोस के स्तर को कम किया जा सकता है। कोदो में एंटी डायबिटीज कंपाउंड क्वेरसेटिन, फेरुलिक एसिड, पी-हाइड्रॉक्सीबेन्जोइक एसिड, वैनिलिक एसिड और सीरिंजिक एसिड पाया जाता हैं।

एंटीऑक्सिडेंट और एंटीमाइक्रोबियल गतिविधि कोदो में पॉलीफेनोल और एंटीऑक्सिडेंट गुण होते हैं। पॉलीफेनॉल्स मानव शरीर में पाये जाने वाले बैक्टीरिया जैसे स्टैफिलोकोकस ऑरियस, ल्यूकोनोस्ट ल्यूकोनोस्टोक मेसेन्टेरोइड्स, बेसिलस सेरेस और एंटरोकोकस फेसेलिस से लड़ने में सहायक होता हैं।

मोटापा कोदो में उच्च में फायबर है जिससे यह वजन को बढ़ने से रोकता है। यह कोलेस्ट्रॉल और ट्राइग्लिसराइड के स्तर में वृद्धि को रोकने में भी सहायता करता है और वजन का प्रबंधन कर शरीर का वजन घटाने को बढ़ावा देता है।

कोलेस्ट्रॉल और उच्च रक्तचाप विरोधी हृदय रोग के लक्षण, उच्च रक्तचाप और उच्च कोलेस्ट्रॉल के स्तर से पीड़ित महिलाओं के लिये कोदो बहुत फायदेमंद है।

कोदो के दाने कोदो के दानों को चावल के रूप में खाया जाता है और स्थानीय बोली में 'भगर के चावल' के नाम पर इसे उपवास में भी खाया जाता है। पौष्टिकता के अनुसार कोदो के दाने में 8.3 प्रतिशत प्रोटीन, 1.4 प्रतिशत वसा तथा 65.9 प्रतिशत कार्बोहाइड्रेट पाई जाती है । कोदो डायबिटीज नियन्त्रण, यकृत (गुर्दा) और मूत्राशय के लिये लाभकारी है

7
रागी

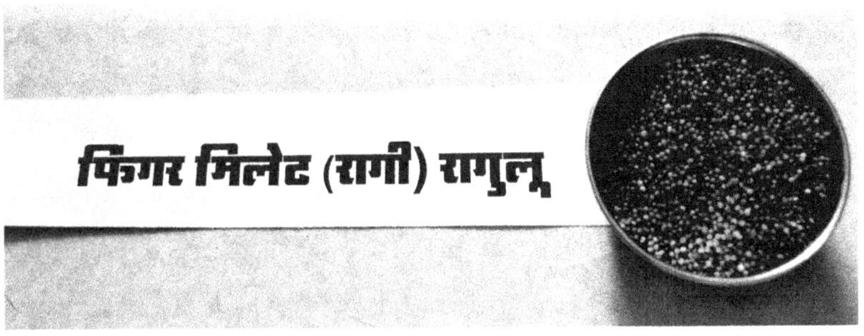

रागी

पर्याय नाम

- अंग्रेजी नाम फिंगर मिलेट
- पंजाबी मंधुलका, मधल
- बंगाली मारवा
- गुजराती नागली, बावतो
- मराठी नाचनी
- तेलुगु रागी चोडी
- तमिल केप्पई रागी, केझवारागु
- हिंदी रागी, मंदिका, मारवा

- कन्नड रागी

परिचय रागी, जिसे आमतौर पर फिंगर मिलेट के रूप में जाना जाता है । वनस्पति विज्ञान में इसे एलिसिन कोरकाना कहा जाता है रागी मिलेट का राजा है। रागी के सिर में पांच स्पाइक पांच अंगुलियों के समान होने के कारण इसे फिंगर मिलेट के नाम से जाना जाता है । बाजरा भारत में उगाया जाने वाला महत्वपूर्ण छोटा बाजरा है। यह देश के कई पहाड़ी क्षेत्रों का मुख्य भोजन है। यह अनाज और चारा दोनों तरह से उगाया जाता है। अनाज खनिजों से भरपूर होते हैं और कैल्शियम का सबसे समृद्ध स्रोत होते हैं जिनका उपयोग केक, हलवा, मिठाई आदि जैसी कई व्यंजन बनाने में किया जाता है। हरा भूसा साइलेज बनाने के लिये उपयुक्त है। यह डायबिटीज से पीड़ित व्यक्तियों के लिये भी अच्छा है। यह सालाना खेती की जाने वाली फसल है, जो अफ्रीका और एशिया के उष्णकटिबंधीय क्षेत्रों जैसे इथियोपिया, भारत और श्रीलंका में व्यापक रूप से उगाई जाती है। यह मूल रूप से इथियोपिया के ऊँचे क्षेत्रों की फसल है । भारत में कुछ चार हज़ार बरस पहले लाया गया था । भारत में रागी की उच्चतम उत्पादकता है । यह 1640 किग्रा प्रति हेक्टेयर का उत्पादन है । इसे अक्सर जहाँ चावल के लिये नमी अपर्याप्त होती है ऐसी शुष्क और सिंचित भूमि पर उगाया जाता है । रागी का लगभग 60% कर्नाटक राज्य द्वारा उत्पादित किया जाता है जो वैश्विक उत्पादन का लगभग 34% है । रागी अनाज में उत्कृष्ट माल्टिंग गुण होते हैं और इसे व्यापक रूप से दूध छुड़ाने वाले खाद्य पदार्थ के रूप में उपयोग करने के लिये जाना जाता है ।

फसल की सूखा प्रतिरोधी प्रकृति इसे पूरे भारत में विभिन्न भौगोलिक इलाकों में उगाने के लिये अनुकूल बनाती है । रागी में विटामिन सी और ई, बी-कॉम्प्लेक्स विटामिन, आयरन, कैल्शियम, एंटीऑक्सिडेंट, प्रोटीन, फाइबर, पर्याप्त कैलोरी और उपयोगी असंतृप्त वसा जैसे प्रमुख पोषक तत्वों की एक विस्तृत उपस्थिति होती है। रागी कैल्शियम का सबसे समृद्ध स्रोत है । प्रति 100 ग्राम रागी में कैल्शियम 300-350 मिलीग्राम पाया जाता है। रागी में खनिज की मात्रा सर्वाधिक होती है । इसमें प्रोटीन और वसा का निम्न स्तर होता है । इसमें प्रोटीन 6-8% और वसा की मात्रा 1.5-2% होती है । इसमें कैलोरी की मात्रा कम होती है इसलिये डायबिटीज के रोगियों के लिये अच्छा खाद्दान्न है और रक्त शर्करा के स्तर को नियंत्रित रखता है। यह कोलेस्ट्रॉल कम करता है और रक्तचाप भी कम करता है । सल्फर युक्त अमीनो एसिड सामग्री के कारण रागी या फिंगर मिलेट प्रोटीन अद्वितीय अनाज है ।

रागी के पोषण गुण प्रति 100 ग्राम ऊर्जा 328 किलो कैलोरी का स्त्रोत है । रागी में कार्बोहाइड्रेट 72 ग्राम, प्रोटीन 7.3 ग्राम, वसा 1.3 ग्राम, कैल्शियम 344 मिलीग्राम,फास्फोरस 283 मिलीग्राम, फायबर 3.6 ग्राम पाया जाता है। रागी अनाज में उत्कृष्ट माल्टिंग गुण होते हैं और इसे व्यापक रूप से शिशु का स्तनपान छुड़ाने वाले खाद्य पदार्थों के रूप में उपयोग करने के लिये जाना जाता है। इसमें उच्च एंटीऑक्सीडेंट गतिविधि होती है। खेतों में गहन श्रम काम करने से पहले किसानों द्वारा दलिया के रूप में इसका सेवन किया जाता है । यह दक्षिण भारतीय घरों में बच्चों को भी दिया जाता है।

8

फोक्सटेल मिलेट, कंगनी

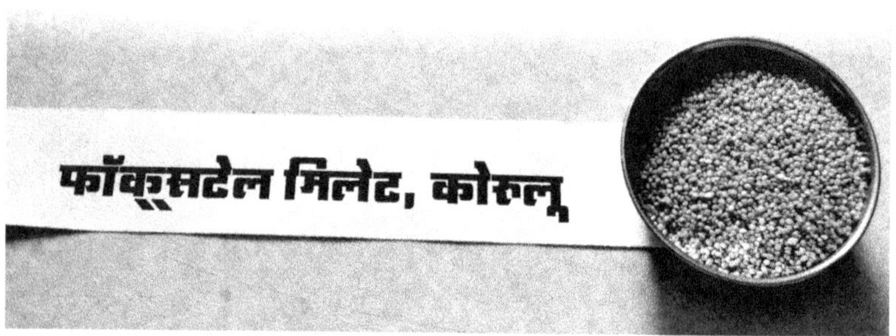

कंगनी

पर्याय नाम

- अंग्रेजी नाम इटैलियन मिलेट
- बंगाली कानिधान,कांगनी,काऊन,कोनदाना
- हिंदी कंगनी,ककुम, राला,कांकुन,टांगुन
- मराठी कंग, राल,कांग,काऊन
  कन्नड नवानक्की, नवनै
- तेलुगु कोरालु, कोरा
- तमिल कावलाई, कंबंकोराई,कली,कूल, थिनै
- गुजराती कांग

परिचय फॉक्सटेल मिलेट, वैज्ञानिक नाम सेटेरिया इटालिका ग्रैमिनी परिवार का एक वार्षिक घास है। यह मिलेट की दूसरी सबसे व्यापक रूप से लगाई जाने वाली प्रजाति है। फॉक्सटेल मिलेट को इटैलियन मिलेट और जर्मन मिलेट के नाम से भी जाना जाता है। यह प्राचीन काल से भारत में पैदा होने वाले मिलेट के बीच खेती का सबसे लंबा इतिहास रहा है। यह कई दक्षिणी राज्यों में एक मुख्य आहार है।चीन में तो इसे ईसा पूर्व 6000 वर्ष से उगाया जा रहा है, इसे 'चीनी मिलेट' भी कहते हैं। चीन के गरीब जनसंख्या का यह प्रमुख अनाज है। चीन विश्व की सबसे अधिक फॉक्सटेल मिलेट की फसल उगाता है। चीनी असाधारण रूप से उच्च पैदावार 11,000 किलोग्राम प्रति हेक्टेयर से अधिक का दावा करते हैं। इसकी खेती ज्यादातर भारत, चीन, अफ्रीका और ऑस्ट्रेलिया, यूरोप और अमेरिका के कुछ हिस्सों में की जाती है। इसकी फसल 65 से 70 दिन में आ जाती है। फॉक्सटेल मिलेट में कार्बोहाइड्रेट उच्च मात्रा होती है। इसमें चावल की तुलना में दोगुनी मात्रा में प्रोटीन होता है। इसमें कॉपर और आयरन जैसे खनिज होते हैं।

यह पोषक तत्वों प्रदान करता है, इसमें एक मीठा नट्स जैसा का स्वाद होता है और इसे सबसे सुपाच्य और गैर-एलर्जी अनाज में से एक माना जाता है। फॉक्सटेल मिलेट की उत्पत्ति के विषय पर जब हमने रिसर्च की तो गूगल द्वारा हमें पता चला, फॉक्सटेल मिलेट कोई नया अनाज नहीं है। इस अनाज के संकेत 2000 से 1000 ईसा पूर्व की चीनी संस्कृति में पाए गए थे। संभवत: यह चीन में उत्पन्न सबसे पुरानी खेती वाली फसलों में से एक हैं। इतना ही नहीं इसे 'इतावली'और 'जर्मन मिलट' के रूप में भी जाना जाता हैं। संभवत: इसकी खेती धीरे-धीरे पश्चिम योरप और एशिया के अन्य क्षेत्रों में फैली होगी। वर्तमान में फॉक्सटेल मिलेट की खेती- बाड़ी करने वाले देश हैं-चीन,भारत,रूस आदि देशों में फॉक्सटेल मिलेट की खेती हो रही हैं।

अन्य मिलेट की तरह, फॉक्सटेल मिलेट की खेती जलवायु में सीमित आदानों से की जा सकती है। यह न्यूनतम वर्षा के साथ उच्च तापमान का सामना कर सकता है। बीज बोने के समय से 90 दिनों के भीतर इसकी कटाई की जा सकती है। यह बसंत ऋतु की फसल है। आम तौर पर अर्ध-शुष्क क्षेत्रों में उगाया जाता है, फॉक्सटेल को पानी की कम आवश्यकता होती है और लगभग पूरी तरह से अपने छोटे बढ़ते मौसम के लिये सफल होता है। यह 65-70 दिनों में पक जाती है। फॉक्सटेल तब लगाया जा सकता है जब अधिकांश अन्य फसलों को लगाने में बहुत देर हो चुकी हो।

फॉक्सटेल मिलेट छोटे अंडाकार या अण्डाकार पीले बीज होते हैं। कभी-कभी, यह पीले सरसों के बीज के रूप में गलत होता है। इस पौधे का बीज सिर एक लोमड़ी की झाड़ीदार पूंछ जैसा दिखता है, इसलिये इसे फॉक्सटेल मिलेट नाम दिया गया ।

फॉक्सटेल मिलेट के पोषण गुण 100 ग्राम फॉक्सटेल मिलेट में 351 कैलोरी ऊर्जा, 11.2 ग्राम प्रोटीन, 4 ग्राम कुल वसा, 63.2 ग्राम कार्बोहाइड्रेट और 6.7 ग्राम फायबर होता है। यह पालक से तीन गुना अधिक फायबर होता है । इसमें 803 ग्राम आइसोल्यूसीन, 1764 ग्राम ल्यूसीन, 103 ग्राम ट्रिप्टोफैन, 328 ग्राम थ्रेओनीन, 233 ग्राम लायसिन, 0.6 मिलीग्राम थायमिन, 63.2 ग्राम कार्बोहाइड्रेट, 2.8 मिलीग्राम आयरन, जो कि किशमिश की तुलना में दोगुना आयरन होता है । अखरोट के बराबर प्रोटीन की मात्रा 11.2 मिलीग्राम प्रोटीन होती है । 3.2 मिलीग्राम नियासिन, 4 ग्राम लिपिड वसा, 0.1 मिलीग्राम राइबोफ्लेविन और 31 मिलीग्राम कैल्शियम का स्त्रोत है। दूध की तुलना में इसमें पाँच गुना अधिक मैग्नीशियम होता है ।अंडे की तुलना में इसमें दुगना जिंक होता है।

आपूर्ति की तुलना में मांग अधिक होने के कारण यह मिलेट थोड़ा महंगा मिलता है । फॉक्सटेल मिलेट की कीमत लगभग 100 प्रति किलोग्राम तक होती है । डायबिटीज, हृदय रोग, मोटापा, कैंसर आदि को एक अच्छे शारीरिक और मानसिक स्वास्थ्य के लिये उचित संतुलित आहार और नियमित व्यायाम और ध्यान करना बहुत आवश्यक है। स्वस्थ जीवन के लिये अपने आहार में विभिन्न प्रकार के स्थानीय और मौसमी अनाज, सब्जियाँ, फल, आवश्यक तेल शामिल करना आवश्यक है।

सावधानी एक सप्ताह में फॉक्सटेल मिलेट दो से तीन बार तक ही सीमित रखें । एक प्रकार का अनाज पर पूरी तरह से स्विच न करें।

याद रखें

मिलेट को 4-5 बार अच्छी तरह से धोयें और पकाने से पहले तीन घंटे के लिये भिगो दें। मिलेट भोजन बनाने के लिये एक से अधिक मिलेट मिश्रण न करें। एक ही दिन विभिन्न प्रकार के मिलेट का सेवन न करें। चूंकि यह शरीर में अधिक गर्मी उत्पन्न करेगा इसलिये दिन के माध्यम से अपने आप को हाइड्रेट करना महत्वपूर्ण है।

फॉक्सटेल मिल्ट्स के साइड इफेक्ट्स

कुछ लोग बाजरे की भूसी के कारण गले में जलन का अनुभव करते हैं । यदि इस तरह के किसी भी लक्षण का अनुभव होता है तो कृपया फॉक्सटेल मिल्ट्स

से बचें । मिलेट में गोइट्रोगन्स होते हैं जिससे हाइपोथायरायडिज्म हो सकता है। मिलेट के अधिभार थायरॉयड ग्रंथि के कार्य को ख़राब कर सकते हैं । जिन लोगों को हाइपोथायरायडिज्म का निदान किया जाता है, उन्हें फॉक्सटेल मिलेट से बचना चाहिए। एपोनिन, ल्यूटोलिन, विटेक्सिन बिगड़ा आयोडीन जैसे फ्लेवोनॉइड यौगिक थायरॉयड ग्रंथि द्वारा आगे बढ़ते हैं जो ग्रंथि के समुचित कार्य के लिये आवश्यक है।

फॉक्सटेल मिलेट एक बहुमुखी अनाज है जो सभी के लिये अच्छा है और कैल्शियम, मैग्नीशियम, बी-विटामिन और अन्य महत्वपूर्ण पोषक तत्वों का एक शानदार स्रोत है। ये सुपर अनाज हमारे स्थानीय और पारंपरिक खाद्य संस्कृतियों का एक अभिन्न हिस्सा हैं जो प्राचीन काल से बढ़ रहे हैं और चावल, गेहूं, आदि की तुलना में बढ़ने के लिये वे बहुत कम संसाधनों का उपभोग करते हैं। हमारे भोजन में अधिक मिलेट शामिल करना न केवल एक स्वस्थ अवतार लेता है। फिट जीवन लेकिन हम भी धरती माँ के लिये बहुत कुछ कर रहे हैं! मॉडरेशन में उपभोग हमें उनके दुष्प्रभावों के बिना कई लोमड़ी के स्वास्थ्य लाभ प्रदान करेगा।

फॉक्सटेल मिलेट असानी से पच जाता है। फॉक्सटेल मिलेट बच्चों और गर्भवती महिलाओं के लिये अच्छा भोजन है क्योंकि यह असानी से पच जाता है। इसे भोजन के रूप में लेने से पेट दर्द से राहत मिलती है।फॉक्सटेल मिलेट को खाने से मूत्रविसर्जन के समय होने वाली जलन से छुटकारा मिलता है। फॉक्सटेल मिलेट अतिसार के रोगियों के लिये फायदें मंद होता है। इस मिलेट में फाइबर की मात्रा अधिक होती है। इसलिये इसे खाने से कब्ज के रोग से छुटकारा मिलता हैं। फॉक्सटेल मिलेट में प्रोटीन और आयरन की मात्रा अधिक होती है। इसलिये इसे खाने से रक्तहीनता का रोग दूर होता है। फॉक्सटेल मिलेट जोड़ों के दर्द को दूर करने में फायदे मंद है।यह मिलेट मोटे आनाज की श्रेणी में आता है। इनमें फाइवर की मात्र अधिक होती है। अतः इनको खाने से मोटापे से छुटकारा मिलता है ।यदि फॉक्सटेल मिलेट की पेस्ट बनाकर जलने से बने घाव पर लगाया जाये तो जलन में राहत मिलती हैं।फॉक्सटेल मिलेट नियासिन का प्रकृतिक स्तोत्र हैं। विटामिन बी3 यानी नियासिन हमारे शरीर के लिये अवश्यक पोषक तत्व हैं। यदि इस तत्व की हमारे शरीर में कमी हो जाए तो हमें कई रोग हो सकते है। दूसरी तरफ यदि इसे दवा के रूप में लिया जाए तो कई साइड इफेक्ट्स हो सकते हैं। किंतू यदि इसे भोजन के रूप में लिया जाय तो इससे बचाव हो सकता है।

कंगनी में एंटीऑक्सीडेंट तत्व होते हैं। जो फ्री रेडिकल्स के प्रभाव को कम करते हैं। जिससे स्वस्थ त्वचा की प्राप्ति होती है।फॉक्सटेल मिलेट में केराटिन

प्रोटीन होता है। जिससे बालों संबंधित समस्याओं से छुटकारा मिलता हैं। कंगनी में फाइबर की मात्रा अधिक होने से डायबिटीज रोग से बचाव संभव है। फॉक्सटेल मिलेट में प्लांट लिगनेन पाया जाता है। जिस कारण कैंसर रोग से बचाव संभव होता है।

फॉक्सटेल मिलेट खाने के नुकसान

फॉक्सटेल मिलेट को पकाने से पहले तार से पाँच घंटे तक भिगो कर रखना आवश्यक है। अन्यथा इसे पचाने में समस्या आ सकती हैं। थायराइड रोगियों को मिलेट न खाने की सलाह दी जाती है । इसमें हाइपोथायरायडिज्म यानी की अंडर एक्टिव थायराइड रोगी और हाइपरथायराडिज्म यानी की ओवर एक्टिव थायराइड रोगी शामिल है। क्योंकि मिलेट में गोइटेरोगेनिक पदार्थ की छोटी मात्रा पाई जाती है। गोइटेरोगेनिक पदार्थ शरीर में आयोडिन को अवशोषण (सोखने) करने से रोकता है। जब मिलेट को पकाया जाता है या गरम किया जाता है। तब गोइटेरोगेनिक का प्रभाव बढ़ जाता है। जिस कारण शरीर में आयोडिन की कमी हो सकती है।

9

बरनार्ड मिलेट, भगर

भगर

पर्याय नाम

- अंग्रेजी नाम बरनार्ड मिलेट
- बंगाली श्यामा
- हिंदी सानवा
- मराठी भगर
- कन्नड उदालु

- तेलुगु उदालु, कोडीसमा
- तमिल कुथिराईवैल्ली
- पंजाबी स्वांक
- उडिया खीरा

परिचय बार्नयार्ड मिलेट भारत की सामान्य खाद्य फसल है और अनाज और चारे दोनों उद्देश्यों के लिये उगाई जाती है। यह पहाड़ियों में विशेष रूप से हिमालय और पहाड़ी और आदिवासी कृषि की महत्वपूर्ण सामग्री में काफी लोकप्रिय है। सानवा के चावल को वरई, कोदरी, समवत, सामक चावल के नाम से भी जाना जाता है. गुजराती में इसे सामो और मोरियो कहते है । अंग्रेजी में इसे बरनार्ड मिलेट कहते हैं । भगर और वरी (वरी चा तांदुळ) नाम से इसे महाराष्ट्र में जाना जाता है । हिन्दी में इसे मोरधन, समा के चावल और व्रत के चावल कहा जाता है, वहीं बंगाल में यह श्याम या श्यामा चावल के नाम से जाने जाते हैं । यह बिहार, तमिलनाडु, महाराष्ट्र और मध्य प्रदेश में भी कम पैमाने पर उगाया जाता है ।

इसका रंग पूरी तरह से सफेद नहीं होता, साथ ही इसका आकार साबूदाने से भी थोड़ा छोटा होता है । भारत में इस अनाज का सेवन ज्यादातर व्रत और उपवास में किया जाता है । भारत में बरनार्ड मिलेट का उपयोग नवरात्रि के दौरान व्रत को समाप्त करने में किया जाता है.श्यामा के चावल मुख्य रूप से व्रत के लिये उपयोग किए जाते हैं, ये दिखने में बहुत छोटे और गोल आकार के होते हैं । वेदों में भी इन चावल का उल्लेख प्राप्त होने के कारण इसे वेद चावल भी कहा गया है । आध्यात्मिक और आर्युवेदिक दृष्टिकोण से श्यामा के चावल पाचन में बहुत सहज और सौम्य कहे गए हैं ।

समा के चावल को जंगली चावल भी कहा जाता है, क्योंकि यह एक प्रकार की जंगली घास है. समा के चावल 'घास' के 'बीज' हैं, यह चावल के धान में बढ़ता है क्योंकि इसे नम स्थान और नमी की आवश्यकता होती है । इन बीजों को सामान्यतः हिंदी में "व्रत के चावल" या "उपवास के लिये चावल" कहा जाता है । इस मिलेट में एक कठोर सेल्यूलोसिक भूसी की परत होती है जिसे मनुष्य पचा नहीं सकते। भूसी की परत को हटाना इस खाद्दान्न को संसाधित करने का प्राथमिक कार्य होता है। भूसी हटाने के बाद, संबंधित मिलेट के चावल प्राप्त होते हैं । बार्नयार्ड मिलेट के छोटे बीजों को ग्रोट्स पर संसाधित किया जाता है जो तब विभिन्न प्रकार के दलिया तैयार करने के लिये उपयोग किये जाते हैं।

चूंकि बरनार्ड मिलेट पकाये जाने पर लगभग टूटे चावल के समान स्वाद देता है, इसलिये इसे "सनवा चावल" कहा जाता है। यह लंबे दाने वाले चावल की तरह अलग अनाज में नहीं पकता है। बाजरा छोटा, सफेद, गोल दाना, सूजी (रवा) से आकार में बड़ा और साबूदाना (साबुदाना) से छोटा होता है।

बरनार्ड मिलेट के पोषक गुण बरनार्ड मिलेट के कई गुण के कारण भारत में प्राचीन काल से ही इसका उपयोग किया जा रहा है । 2000 ईसा पूर्व जापान में इस अनाज को सबसे पहले उगाया गया इसलिये बरनार्ड मिलेट का मूल जापान से है । प्रति 100 ग्राम बरनार्ड मिलेट पोषक गुण तत्व इस प्रकार है । यह कैलोरी 364.6 किलो कैलोरी ऊर्जा प्रदान करता है, इसमें वसा 3.6 ग्राम, आहार फायबर 13.6 ग्राम, प्रोटीन 11 ग्राम, कार्बोहाइड्रेट 65.23 ग्राम, वसा 4.27 ग्राम कैल्शियम 22 मिलीग्राम, फास्फोरस 0.28 ग्राम विटामिन बी1 0.33 मिलीग्राम, आयरन 18.6 मिलीग्राम, विटामिन बी2 0.10 मिलीग्राम, विटामिन बी3 4.2 मिलीग्राम पाये जाते हैं । यह आहार फायबर और लोहे का सबसे समृद्ध स्रोत है । बरनार्ड मिलेट में अन्य कार्यात्मक घटक होते हैं, जैसे गामा एमिनो ब्यूटिरिक एसिड (जीएबीए) और बीटा ग्लूकन, जो एंटीऑक्सिडेंट के रूप में और रक्त वसा के स्तर को कम करने में उपयोगी होता है । इसमें आयरन,कैल्शियम, फास्फोरस, मैग्नीशियम, फोलिक एसिड, जिंक, प्रोटीन, फाइबर, कार्बोहाइड्रेट और विटामिन बी1, बी2, बी3 भरपूर मात्रा में पाया जाता है । इसमें प्रचुर मात्रा में आयरन होने के कारण यह महिलाओं में रक्ताल्पता होने पर विशेषकर गर्भावस्था में यह एक उत्तम भोजन माना जाता है ।

बरनार्ड मिलेट फायबर से भरपूर होता है ।यह घुलनशील और अघुलनशील दोनों अंशों की अच्छी मात्रा के साथ आहार फायबर का एक उत्कृष्ट स्रोत है। इसकी 100 ग्राम की मात्रा 2.4 ग्राम आहार फायबर प्रदान करती है अन्य अनाज और बाजरा की तुलना में अनाज में फायबर की उच्चतम मात्रा है। जर्नल ऑफ फूड साइंस एंड टेक्नोलॉजी में प्रकाशित एक अध्ययन के अनुसार, बार्नयार्ड मिलेट की आहार फायबर घुलनशील 4.2% और अघुलनशील 8.4% सामग्री पाई गई है। उच्च फायबर सामग्री कब्ज, अतिरिक्त गैस, सूजन और ऐंठन को रोकने में सहायता करती है।

जिन्हें थकान कमजोरी हर समय नींद आना जैसी समस्या बनी रहती है या जिनको एक जगह बैठ कर लंबे समय तक काम करना होता है उनके लिये भी यह एक आदर्श भोजन के रूप में ग्रहण किया जा सकता है। बार्नयार्ड मिलेट सुपाच्य प्रोटीन का एक अच्छा स्रोत है और साथ ही अन्य सभी अनाजों की तुलना में कम

कैलोरी वाला होता है। यह एक ऐसा अनाज है जो खाने के बाद हल्का और ऊर्जा प्रदान कराता है। बार्नयार्ड मिलेट (25 ग्राम, कच्चा) परोसने से 75 कैलोरी और 1.5 ग्राम प्रोटीन मिलती है ।

सभी मिलेट की तरह बार्नयार्ड मिलेट ग्लूटेन मुक्त होता है। यह ग्लूटेन के प्रति एलर्जी के रोगियों के लिये एक उपयुक्त भोजन है जैसे सीलिएक रोगी या जो ग्लुटेन मुक्त जीवन शैली का पालन करना चाहते हैं । बार्नयार्ड मिलेट आसानी से उपलब्ध होने के कारण, जल्दी पकने वाला और स्वाद में अच्छा होने के कारण चावल, गेहूं और अन्य कम आसानी से उपलब्ध मिलेट के लिये एक आदर्श पौष्टिक विकल्प है।

10

लिटिल मिलेट, कुटकी

पर्याय नाम

- अंग्रेजी नाम लिटिल मिलेट
- बंगाली सामा
- हिंदी मौरिया,कुटकी, शवन
- गुजराती गाजरो,कुरी
- मराठी सावा,हल्वी, वारी
- कन्नड समे, सावे
- तेलुगु सामुलु
- तमिल समै
- उड़िया सुआन

परिचय यह अन्य बाजरे से छोटा होता है । इस मिलेट का वनस्पति विज्ञान का नाम पैनिकम सुमाट्रेन्स है । साधारण भाषा में लिटिल मिलेट नाम से जाना जाता है । भारत के पूर्वी घाटों में आदिवासियों के आहार का एक बड़ा हिस्सा है । शायद लिटिल मिलेट का बहुत कम हिस्सा भारत के बाहर उगाया जाता है। श्रीलंका, नेपाल और म्यांमार में कुछ भागों में इसे उगाया जाता है । इसमें आयरन की मात्रा अधिक होती है । इसमें लगभग 38% आहार फायबर होता है और इसमें उच्च एंटीऑक्सीडेंट गतिविधियां हैं ।

पोषक तत्व से भरपूर होता है । लिटिल मिलेट में प्रोटीन, कार्बोहाईड्रेट, वसा, फायबर, कैल्शियम, फास्फोरस, आयरन और कैलोरी से प्रचुर होता है । इसके

सेवन द्वारा शरीर का कुपोषण दूर किया जा सकता है । प्रोटीन की मात्रा अधिक होने के कारण यह शरीर को उर्जा प्रदान करता है ।

लिटिल मिलेट के पोषक गुण लिटिल मिलेट प्रति 100 ग्राम निम्नलिखित पोषक तत्व प्रदान करता है- 329 किलो कैलोरी, प्रोटीन 9.7 ग्राम, वसा 5.2 ग्राम,आहार फायबर 7.6 ग्राम, कार्बोहाइड्रेट 60.9 ग्राम, कैल्शियम 17 मिलीग्राम, आयरन 9.3 मिलीग्राम, थायमिन 0.30 मिलीग्राम,राइबोफ्लेविन 0.09 मिलीग्राम, नयासिन 3.2 मिलीग्राम ।

लिटिल मिलेट को कम कार्बोहाइड्रेट सामग्री के साथ, धीमी पाचन क्षमता और कम पानी में घुलनशील गोंद सामग्री के साथ ग्लूकोज चयापचय में सुधार के लिये उपयोगी माना गया है । लिटिल मिलेट एक कम ग्लाइसेमिक इंडेक्स वाला खाद्यान्न है जो धीमी गति से पचने वाले फायबर और कार्बोहाइड्रेट का अच्छा स्रोत है । लिटिल मिलेट रक्त में शर्करा को धीरे धीरे छोड़ते हैं और ग्लूकोज के अवशोषण को धीमा कर देते हैं। लिटिल मिलेट में आहार फायबर और प्रतिरोधी स्टार्च हाइपोग्लाइसेमिक और हाइपोलिपिडेमिक प्रभावकारी होते हैं । लिटिल मिलेट के एंटीऑक्सिडेंट जैसे पॉलीफेनोल्स, फेनोलिक यौगिक, टैनिन, फ्लेवोनोइड सीधे शरीर के पोषण से संबंधित नहीं हैं, लेकिन डायबिटीज, हृदय रोग, मोतियाबिंद, कैंसर, सूजन और जठरांत्र संबंधी समस्याओं जैसे रोगों में सहायता कर स्वास्थ्य को बढ़ावा देने में उम्र बढ़ाने और चयापचय रोग में महत्वपूर्ण भूमिका निभाते हैं । लिटिल मिलेट पौधों पर आधारित खाद्य पदार्थों में पाये जाने वाला पॉलीफेनोल्स फाइटोकेमिकल्स का सबसे बड़ा समूह है और विभिन्न स्वास्थ्य लाभों से जुड़ा हुआ है । इसे जीवन के अंतिम चरण में स्वास्थ्य को बनाये रखने में उनकी भूमिका के कारण उन्हें "जीवन काल आवश्यक" माना जाता है । साबुत अनाज वाले खाद्य पदार्थों के बारे में दुनिया भर में जागरूकता बढ़ रही है क्योंकि वे फाइटोकेमिकल्स और आहार फायबर के समृद्ध मिलेट को "खाद्य औषधि" कहा जा सकता है ।

कार्बोहाइड्रेट का मात्रा कम होने के कारण इसको पूरी तरह से पचाने के लिये शरीर को थोड़ा समय लगता है । बच्चों को भी यह अनाज को खिचड़ी या उबालकर चावल जैसा दिया जा सकता है जो बच्चों में भी पोषण की कमी को पूरा करता है । इसे एक "स्वदेशी सुपर फूड" भी कहा जाता है। लिटिल मिलेट में मैग्नीशियम की मात्रा होती है जो हृदय संबंधित रोगों के उपचार में भी उपयोगी है । इसमें विटामिन बी3 उपस्थित रहता है जो कोलेस्ट्रोल कम करने में प्रभावकारी होता है । यह फास्फोरस जैसे खनिज का भी स्रोत है जो शरीर को ऊर्जा प्रदान करता है ।

लिटिल मिलेट पकाने के तरीके

मिलेट पकाना चावल पकाने जितना ही सरल है। नीचे बताये गये तरीकों का इस्तेमाल सबसे मिलेट जैसे कोदो बाजरा, थोड़ा मिलेट, फॉक्सटेल मिलेट और प्रोसो मिलेट पकाने के लिये किया जा सकता है।

प्रेशर कुकर विधि (1:2 - 2 सीटी)

मिलेट को धो लीजिये । एक माप मिलेट के लिये एक प्रेशर कुकर में दो माप पानी डालें। ढक्कन बंद करके मध्यम आंच में पकायें । पहली सीटी आने के बाद आंच धीमी कर दें । दूसरी सीटी आने के बाद इसे गैस से उतार लें । भाप न छोड़ें और फिर इसे कुछ मिनटों के लिये अलग रख दें । मिलेट को उसकी भाप में ही पकने दें । मिलेट के गर्म होने पर मिलेट को कलछी या चम्मच से नहीं मिलाना चाहिये। वरना यह मटमैला बन जाता है । पके हुये मिलेट को दाल,सांभर या करी के साथ सेवन कर सकते हैं ।

पका हुआ मिलेट जैसे जैसे ठंडा होता है, यह और सख्त होता जाता है । इसलिये अगर इसे दूसरी डिश में तैयार करना है पके हुए मिलेट के चावल को एक प्लेट में ठंडा करना चाहिये ।

ओपन वेसल कुकिंग (1:2 - 30 मिनट भिगोना)

खुले बर्तन में मिलेट पकाने के लिये, मिलेट को पहले धोना और भिगोना पड़ता है । मिलेट की एक माप को दो माप पानी में तीस मिनट तक भिगोना चाहिये । इसे मध्यम आंच पर ढक्कन लगाकर पकायें । पानी में उबाल आने के बाद आंच धीमी कर देनी चाहिये । लगभग दस मिनट में जब पानी वाष्पित हो जाये, इसे आंच से उतार लें और ढक्कन को मजबूती से बंद कर दें ।

11
प्रोसो मिलेट, चेन्ना, बर्री

प्रोसो मिलेट

पर्याय नाम

- अंग्रेजी नाम प्रोसो मिलेट

- बंगाली छीना
- हिंदी चेन्ना,बर्री
- गुजराती छीनो
- मराठी वारी
- कन्नड बरगु
- तेलुगु वारिगा
- तमिल पानी वरगु

परिचय प्रोसो मिलेट भारत में उगाया जाने वाला महत्वपूर्ण मिलेट है। इसकी फसल अपनी त्वरित परिपक्वता से सूखे से बचने में सक्षम है। अपेक्षाकृत कम पानी की आवश्यकता वाली छोटी अवधि (60-90 दिन) की फसल होने के कारण, यह सूखे की अवधि से बच जाती है और इसलिये, शुष्क भूमि क्षेत्रों में गहन खेती के लिये बेहतर है। असिंचित परिस्थितियों में, प्रोसो बाजरा आम तौर पर खरीफ मौसम के दौरान उगाया जाता है, लेकिन जिन क्षेत्रों में सिंचाई की सुविधा उपलब्ध है, वहां इसे उच्च तीव्रता वाले रोटेशन में गर्मियों की फसल के रूप में लाभप्रद रूप से उगाया जाता है।

प्रोसो मिलेट एक अनूठा मिलेट है यह साधारणतया सफेद मिलेट, काशिफ मिलेट या हॉग मिलेट के रूप में जाना जाता है । यह एक जंगली घास की प्रजाति है जिसे लगभग 7000 साल पहले चीन में फसल के रूप में उपजाया गया था । प्रोसो मिलेट अत्यधिक सूखा और कम पानी की उपलब्धता और लंबी अवधि तक वर्षा रहित में फसल आ सकती है। सभी मिलेट की तुलना में प्रोसो एक छोटे मौसम की फसल है, जो रोपण के बाद 60 से 75 दिनों में परिपक्व हो जाती है ।

इसकी खेती अब भारत, मध्य पूर्व, तुर्की, रूस और संयुक्त राज्य अमेरिका में की जा रही है। संयुक्त राज्य में प्रोसो मिलेट मुख्य रूप से पक्षी बीज के लिये उगाया जाता है। जिन्हें गेहूं से एलर्जी होती है उनके लिये प्रोसो मिलेट ग्लूटेन की कमी के कारण एक स्वास्थ्य भोजन के रूप में बेचा जाता है और ग्लूटेन की कमी के कारण इसे उन लोगों के आहार में सम्मिलित किया जा सकता है । अन्य मिलेट खाद्यान्नों की तुलना में प्रोसो मिलेट को सबसे कम पानी की आवश्यकता होती है । शुष्क परिस्थितियों और वर्षा छाया वाले क्षेत्रों में आसानी से उगाई जाने वाली यह एक उत्कृष्ट फसल सकती है। इसमें सबसे अधिक मात्रा में 12.5% प्रोटीन होता है। प्रोसो मिलेट के स्वास्थ्य लाभ इसके अद्वितीय गुणों से युक्त है। इसमें महत्वपूर्ण मात्रा में कार्बोहाइड्रेट और फैटी एसिड होते हैं । यह अन्य पारंपरिक स्रोतों जैसे

मसालों और नट्स की तुलना में मैंगनीज का सस्ता स्रोत है। इसमें उच्च मात्रा में कैल्शियम होता है जो हड्डियों के विकास और रखरखाव के लिये आवश्यक है । यह कोलेस्ट्रॉल के स्तर को कम करता है और हृदय रोग के संभावना को भी कम करता है ।

प्रोसो मिलेट के पोषक गुण प्रोसो मिलेट में लेसिथिन होता है जो नर्वस सिस्टम का मदद करता है। यह नयासिन, बी कॉम्प्लेक्स विटामिन, फोलिक एसिड, खनिज और आवश्यक अमायनो एसिड मेथियोनीन और सिस्टीन युक्त उच्च गुणवत्ता वाला प्रोटीन होता है स्रोत बनाता है । इसका ग्लाइसेमिक इंडेक्स कम होने के कारणयह डायबिटीज को कम करता है। 100 ग्रामप्रोसो मिलेट में 70.4 ग्राम कार्बोहाइड्रेट, 12.5 प्रोटीन ग्राम 1.1 वसा, 341 ऊर्जा (किलो कैलोरी 2.2 ग्राम आहार फायबर होता है ।

नयासिन की कमी से होने वाला पेलाग्रा चर्म रोग में त्वचा पपड़ीदार और खुरदरी हो जाती है और गिरने लगती है। प्रोसो मिलेट पेलाग्रा की रोकथाम में सहायता करता है। प्रोसो मिलेट में कैल्शियम की उच्च मात्रा शोषक रूप में होती है जो हड्डियों के विकास और रखरखाव के लिये आवश्यक है। यह फॉस्फोरस का समृद्ध स्रोत है जो शरीर में कोशिका निर्माण और आनुवंशिक प्रतिकृति के लिये आवश्यक है। मैग्नीशियम में उच्च होने के कारण, यह सिद्ध हो गया है कि इस मिलेट के नियमित सेवन से टाइप 2 डायबिटीज की संभावना कम हो सकती है, क्योंकि यह इंसुलिन को नियंत्रित करता है । प्रोसो मिलेट में अघुलनशील फायबर की उच्च सामग्री पित्त की पथरी को रोकने में मदद करती है और पित्त के अत्यधिक स्राव की संभावना को कम करती है। इसमें एंटीऑक्सिडेंट होते हैं जो उम्र बढ़ने की प्रक्रिया में विलंब करते हैं । एंटी-ऑक्सीडेंट ऐसे पदार्थ होते हैं जो शरीर से फ्री रेडिकल्स को हटाते हैं । यह उच्च रक्तचाप, उच्च कोलेस्ट्रॉल, या किसी हृदय रोग जैसी हृदय रोगों से पीड़ित रजोनिवृत्त महिलाओं के स्वास्थ्य में लाभकारी है । प्रोसो मिलेट से आहार में कई व्यंजन तैयार किये में जा सकते हैं । इसे सलाद में पूरे या पके हुये रूप में या सब्जियों और टोफू के साथ तला हुआ या दूध और शहद के साथ नाश्ते में सेवन किया जा सकता है ।

12
अमरेंथ, राजगिरा

राजगिरा

पर्याय नाम

- अंग्रेजी नाम अमरेंथ बीज
- बंगाली आमर्था बीज
- हिंदी रामदाना, राजगिरा
- गुजराती राजगरो

- मराठी कवली बिया
- कन्नड दंथु बीजा
- तेलुगु थोटकुरा बिंजालु
- तमिल केराई विडाई

परिचय यह नाम ग्रीक शब्द 'अमारेंटोस' से लिया गया है जिसका अर्थ है "जो कभी मुरझाता नहीं है" । अमरेंथ शब्द का अर्थ ग्रीक में "अविस्मरणीय" होता है । पौधे के फूल पूरे गर्मियों में एक ज्वलंत क्रिमसन रंग के होते हैं, जो इसे एक आकर्षक दृश्य बनाते हैं । कटाई के बाद बीज का उपयोग चावल और जई जैसे अनाज के समान किया जाता है । 8,000 वर्षों से खाद्दान्न अनाज के रूप में खेती की जाती रही है । मूलतः अमरेंथ की खेती मेक्सिको, दक्षिण अमेरिका और मध्य अमेरिका में होती आई है । यह के एंडियन क्षेत्र की एक मूल प्रजाति भी है। इसे अर्जेंटीना, पेरू और बोलीविया में उगाया जाता है और इसे "किविचा" नाम से जाना जाता है । यह एंडीज क्षेत्र में व्यापक रूप से उगाया जाता है । "इंकान गेहूं" के रूप में भी जाना जाता है, यह इंकास के लिये एक मुख्य भोजन था। यह मध्य अमेरिकी आहार का एक हिस्सा बन चुका है । इसके प्रभावशाली पोषण संबंधी जानकारी से जागरूक अमेरिका में राजगिरा की लोकप्रियता में वृद्धि हुई है। अमरनाथ का साग दुनिया भर में भी लोकप्रिय है। जैसे इंडोनेशिया और मलेशिया में, पत्तियों को "बयम" कहा जाता है । वियतनाम में "राउ दीन" नाम से सूप बनाने के लिये उपयोग किया जाता है । ग्रीस में अमरेंथ की एक प्रजाति ग्रीन ऐमरैंथ (ऐमरैंथस विरिडिस) का लोकप्रिय व्यंजन है और इसे "वलिटा" या "वेलीटा" कहा जाता है । यह कठोर और कम पोषक तत्वों की स्थिति में विकसित होने के कारण इसे पूरे भारत में उगाया जा सकता है । इसके अलावा, इसकी खेती हिमालय के ऊंचे ढलानों से लेकर देश के कई समुद्र तटों तक की जाती है । इसकी पौष्टिक गुण के कारण, विश्व के कई हिस्सों में इसकी खेती और पत्तेदार सब्जी के रूप में की जाती है । उत्तर प्रदेश और बिहार में "चौलाई", उत्तराखंड के कुमाऊं क्षेत्र में "चुआ", केरल में "चीरा" और महाराष्ट्र में "श्रवणी मठ" के रूप में भी जाना जाता है।

अमरेंथ को हिन्दी में राजगिरा के नाम से जाना जाता है । सीधे शब्दों में राजगिरा का अर्थ है शाही अनाज। गुजराती में अमरेंथ ग्रेन को राजगिरा ही कहते हैं । अमरेंथ अनाज को 'रामदाना' के रूप में भी जाना जाता है, जिसका अर्थ भगवान का अपना खाद्दान्न है । वास्तव में, भारतीय रसोई में लोकप्रिय अमरेंथ सब्जी एक लाल गुलाब रंग की पत्तेदार सब्जी है, जिसे हिंदी में चौलाई के नाम से जाना

जाता है ।

राजगिरा के पौष्टिक गुण राजगिरा उच्च प्रोटीन सामग्री 13-14% और लायसिन से युक्त होता है । लायसिन अमाइनो एसिड अन्य अनाजों में नगण्य या अनुपस्थित रहता है । अन्य अनाजों की तुलना में इसमें 6 से 9% तेल होता है । राजगिरा के तेल में लगभग 77% असंतृप्त वसा अम्ल होते हैं और लिनोलिक एसिड होता है ।

अमरेंथ की पोषण संबंधी जानकारी यूएसडीए द्वारा बिना किसी अतिरिक्त वसा या नमक के पके हुये अमरेंथ के आधे कप सर्विंग अर्थात् लगभग 123 ग्राम अमरेंथ में पोषक तत्व इस प्रकार है - कैलोरी 125.5 कैलोरी,वसा 1.9 ग्राम, सोडियम 7 मिलीग्राम, कार्बोहाइड्रेट 23 ग्राम, आहार फायबर 2.6 ग्राम,स्टार्च 20 ग्राम, प्रोटीन 4.7 मिलीग्राम ।

अमरेंथ के पोषक तत्व स्वस्थ आहार के रूप में महत्वपूर्ण स्वास्थय लाभ प्रदान कर सकते हैं । यह विटामिन सी का स्रोत है, जो शरीर की उपचार प्रक्रिया के लिये महत्वपूर्ण है क्योंकि यह आयरन को संसाधित करने, रक्त वाहिकाओं को बनाने, मांसपेशियों के ऊतकों के रखरखाव और कोलेजन को बनाये रखने में सहायता करता है। इसमें प्रचूर मात्रा में आहार फायबर, आयरन, मैग्नीशियम, फास्फोरस, पोटेशियम और कैल्शियम होता है । राजगिरा केश का अल्पावस्था में पकने को रोकने में यह सहायक हो सकता है । यह प्राकृतिक रुप से ग्लूटेन से मुक्त होता है । इस कारण यह सीलिक रोगियों के लिये उपयोगी है । चूंकि अमरेंथ में फायबर की मात्रा अधिक होती है और यह पचने में धीमा होता है, इसलिये यह लंबे समय तक पेट भरा हुआ महसूस कराता है जिससे बार बार अस्वास्थ्यकर स्नैकिंग की इच्छा समाप्त हो जाती है और मोटापा कम करने में सहायता मिलती है। कोलेस्ट्रॉल कम करने वाले गुणों के साथ राजगिरा फाइटोस्टेरियोल का एक समृद्ध आहार स्रोत है । इसमें लुनासीन जैसे पेप्टाइड और अन्य बायोएक्टिव पेप्टाइड्स होते हैं जिनके बारे में माना जाता है कि इनमें कैंसर निवारक और एंटीहाइपरटेन्सिव गुण होते हैं। पौष्टिक, सुखद मीठा स्वाद व्यंजनों के लिये एक आदर्श विकल्प बनाती है ।

राजगिरा को आहार में साबुत अनाज के रूप में या राजगिरा के आटे के रूप में उपयोग किया जा सकता है। राजगिरा को अपने आहार में शामिल करने के कुछ तरीके इस प्रकार के हैं-

राजगिरा के दाने पॉपकॉर्न की तरह ही पॉप करके नाश्ते में सेवन किया जा सकता हैं । एक बार में कुछ दाने लें और उन्हें तेज आंच पर फोड़ें । स्वाद के लिये शहद या कैरॉमेल मिला सकते हैं। कुकीज़ में आटे के विकल्प के रूप में राजगिरा

के आटे का उपयोग किया जा सकता है क्योंकि यह एक कुरकुरे स्वाद देता है । इसका स्वाद सामान्य कुकीज़ जितना अच्छा नहीं हो सकता है, लेकिन यह स्वास्थ्यवर्धक नाश्ता है । लेबॉनीज तब्बौली सलाद बनाने के लिये राजगिरा को दोगुनी मात्रा में पानी के साथ दाने की सारी नमी सोखने तक उबालते रहें फिर इसमें खीरा, प्याज, टमाटर, एक्स्ट्रा वर्जिन ऑलिव ऑयल, मूंगफली, नींबू का रस, पुदीना के पत्ते और थोड़ा सा सेंधानमक मिलाकर सेवन करें । यह राजगिरा सलाद लेबॉनीज तब्बौली सलाद के नाम से मशहूर है । राजगिरा को दूध के साथ उबाल कर और चीनी, किशमिश और काजू डालकर दलिया की सेवन कर सकते हैं ।

13

कुट्टू

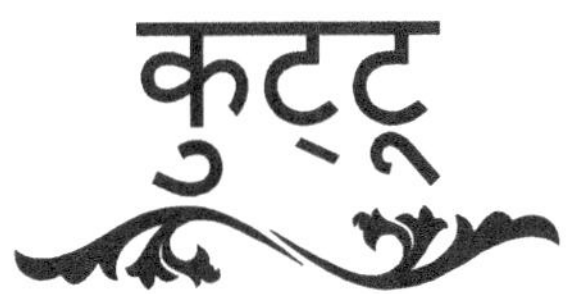

कुट्टु

पर्याय नाम

- अंग्रेजी नाम बक व्हीट
- बंगाली बाक वाता
- हिंदी कुट्टु
- गुजराती बियान साथीनो दानो
- मराठी बत्र वीटा

- पंजाबी ओखला,बैक विथा
- तेलुगु बुकविथ

परिचय कूट्टु न तो वास्तविक खाद्दान्न अनाज है और न ही वनस्पति विज्ञान में ग्रास फैमली का सदस्य है । इसे वनस्पति विज्ञान में फ़ैगोपाएरम एस्क्युलेंटम कहा जाता है । यह पोलीगोनेसिएइ फैमिली का पौधा है। कुट्टु प्रकार का खाद्यान्न एक समूह से संबंधित है जिसे स्यूडोसेरियल या छद्म अनाज कहा जाता है । स्यूडोसेरियल ऐसे बीज होते हैं जिनका सेवन अनाज के रूप में किया जाता है लेकिन घास पर नहीं उगते । अन्य सामान्य छद्म अनाज में क्विनोआ और ऐमरेंथ हैं। कुट्टु अनाज न होने के कारण उत्तर भारत में नवरात्रि में कुट्टु के आटे की बने व्यंजन का सेवन किया जाता है ।

कुट्टू एक ग्लूटेन मुक्त बीज है जो गेहूं के आटे के लिये एक लोकप्रिय विकल्प है। बकव्हीट पौधे में तिकोने आकार का फल होता है जिसे पीसकर आटा बनाया जाता है। यह आमतौर पर ग्लूटेन एलर्जी से पीड़ित लोगों के लिये एक पूरक आहार के रूप में सेवन किया जाता है। बकव्हीट का पौधा ज्यादा बड़ा नहीं होता है। इसमें गुच्छों में फल और फूल आते हैं। यह भारत के बहुत कम हिस्से में हिमालय के पर्वतीय हिस्सों जम्मू-कश्मीर, हिमाचल, उत्तराखंड, दक्षिण के नीलगिरी में और नॉर्थ ईस्ट स्टेट्स में उगाया जाता है।

भारतीय उपमहाद्वीप में, कुट्टू का एक समृद्ध इतिहास है और इसे अक्सर विभिन्न व्यंजनों में उपयोग किया जाता है और इसकी लाभकारी प्रकृति और पोषण मूल्य विशाल उपयोग और लोकप्रियता से कोई भी आश्चर्यचकित नहीं होता है। कुट्टू के सबसे आम उपयोग नवरात्रि के दिनों में देखा जाता है क्योंकि लोग उपवास के दौरान अनाज से बचते हैं और इसके बजाय कुट्टु या बकव्हीट के आटे से बने भोजन का चयन करते हैं। नवरात्रि के नौ दिनों में व्रत वाले खाना में कुट्टु या बकव्हीट भारतीय घरों में सबसे लोकप्रिय भोजन होता है।

यद्यपि वर्तमान में संयुक्त राज्य अमेरिका में एक विशिष्ट उत्पाद है, हजारों साल पहले एशिया में उगाया गया कुट्टु अनाज लंबे समय से दुनिया भर में लोकप्रिय है। यह मध्य पूर्व और यूरोप में फैल गया । आज नूडल्स से लेकर पेनकेक्स तक कुट्टु में अनाज एक विशेष घटक बना हुआ है।

कुट्टु अनाज की फसल केवल बारह सप्ताह की होती है, कुछ क्षेत्र में गर्मियों दूसरी की फसलें लगाई जाती है। गेहूं की गुठली के आकार के समान, एक प्रकार का अनाज एक त्रिकोणीय आकार और एक छिलका होता है जिसे खाने से पहले

हटा दिया जाना चाहिये। इसे भुना हुआ या बिना भुना हुआ, या आटे के साथ पिसा जा सकता है। कुट्टु अनाज फायबर का है और कई मूल्यवान पोषक तत्व प्रदान करता है। यह ग्लूटेन मुक्त होता है। इसके बीज को पीसकर आटा बनाया जाता है और भारतीय और अन्य क्षेत्रों के खाद्दानों में कई प्रयुक्त होता है। अवधी भोजन में कुट्टु के पराठे बनाये जाते हैं।

कुट्टु के पौष्टिक गुण भुना हुआ कुट्टु के आधा कप में कैलोरी 77, प्रोटीन 3 ग्राम, वसा 1 ग्राम, कार्बोहाइड्रेट 17 ग्राम, फाइबर 2 ग्राम पौष्टिक गुण होते हैं। इसमें प्रोटीन 13-15% प्रोटीन और अमीनो एसिड लायसिन होता है। कुट्टु मुख्य रूप से स्टार्च कार्बोहाइड्रेट से भरपूर होता है। विटामिन बी1, सी और ई होता है। पॉलीअनसेचुरेटेड आवश्यक फैटी एसिड जैसे लिनोलिक एसिड युक्त होता है। कुट्टू अन्य अनाजों की तुलना में जस्ता, तांबा और मैंगनीज के उच्च स्तर होते हैं। इन खनिजों की जैव उपलब्धता भी काफी अधिक होती है। कुट्टू घुलनशील फायबर पॉलीफेनोल यौगिकों का एक का उच्च स्त्रोत है। इसमें रुटिन होता है, जो एक बायोफ्लेवोनॉइड है जो रक्तचाप को नियंत्रित करने में मदद करता है और इसमें एंटीइंफ्लेमेटरी और एंटीकार्सिनोजेनिक गुण होते हैं।

यह फायबर से भरा अनाज होता है, जो पाचन स्वास्थ्य को बेहतर बनाने में सहायता करता है। विटामिन के और बी 6 जैसे विटामिन, कैल्शियम और मैग्नीशियम जैसे खनिज और प्रोटीन की अच्छी मात्रा में होता है। कुट्टू आहार के लिये अत्यधिक फायदेमंद है। कुट्टू रक्त शर्करा के स्तर को कम करने में मदद करता है। कुट्टू का आटा आपके शरीर में लिपिड संतुलन को बनाये रखने के लिये जाना जाता है क्योंकि इसमें डी-चिरो-इनोसिटोल होता है जो टाइप 2 डायबिटीज को नियंत्रित करता है। यह ग्लूकोज चयापचय में सहायता करता है जो सुनिश्चित करता है कि आपके रक्त शर्करा का स्तर सीमा के भीतर अच्छी तरह से बना रहे। यह शरीर के वजन घटाने की प्रक्रिया को बूस्ट करता है। यह स्वस्थ पाचन में सहायता करता है और हृदय के स्वास्थ्य में सुधार करता है।

नवरात्रि में कुट्टू के कुछ व्यंजन ये हैं- कुट्टू के पकोड़े (फलहारी पकोड़े),कुट्टू के पराठे,कुट्टू की पुरी,कुट्टू का दोसा आदि

रशियन बकव्हीट ब्लिनी

स्वादिष्ट नाश्ते के साथ दिन की शुरुआत करने के लिये ब्लिनी या जस्ट ब्लिन एक पारंपरिक रूसी पैनकेक डिश है। इसे अक्सर स्मेटाना, क्वार्क, मक्खन, कैवियार और अन्य गार्निश के साथ परोसा जाता है। ब्लिनी की रेसिपी बकव्हीट का उपयोग करके बनाई गई है। इसे क्रीम और स्मोक्ड सैल्मन की टॉपिंग कर

सकते हैं ।

सावधानी यूं तो कुट्टू एक बेहतरीन अनाज है, आमतौर पर नुकसान देखने को नहीं मिलते । लेकिन कुछ लोगों को इसके सेवन से मुंह में सूजन जैसी एलर्जी हो सकती है। कुट्टू से एलर्जी होने पर इसका सेवन नहीं करना चाहिये। इसके रिएक्शन से उल्टी होना, चक्कर आना, साँस की परेशानी, गला रुँध जाना जैसे लक्षण हो सकते हैं। कुट्टू में फैट की मात्रा अधिक होने के कारण यह रुम के तापमान पर भी जल्दी खराब दो सकता है इसलिये हमेशा फ्रेश कुट्टू आटे का ही इस्तेमाल करना चाहिये । ताजा आटे का सेवन चाहिये । पुराने आटे के सेवन से फूड प्वॉइजनिंग, गैस जैसी समस्या हो सकती है ।

14
क्विनोआ

क्विनोवा

परिचय क्विनोआ दक्षिण अमेरिकी पौधा है । भारत के अन्य अनाज गेहूं, चावल, साबूतदाना की तरह ही ये भी एक अनाज ही है जो दक्षिण अमेरिका से भारत आया है। पिछले 2-3 सालों में अमेरिकन अनाज ने इंडियन मार्केट में

अपनी खास जगह बना ली है। क्विनोआ, क्विनुआ या कीनुआ पेरू, बोलीविया और चिली से आता है । यह दक्षिण अमेरिका के एंडिस पर्वत में उत्पन्न होता है, और सहस्राब्दियों ये दक्षिण अमेरिकी के ग्रामीण क्षेत्रों के लोगों का भोजन प्रधान रहा है । यह पूर्व कोलंबिया काल से दक्षिण अमेरिकियों में एक लोकप्रिय सुपर फूड के रूप में सेवन किया जाता है । इसका वनस्पति विज्ञान में नाम चेनोपोडियम क्विनोआ है । क्विनोआ एंडीज की मूल फसल है । अब इसे भारत में भी उगाया जाने लगा है ।

दरअसल, लोग इस सवाल का जवाब बिना प्रोसेस को समझे ही दे रहे हैं. सुपरफूड का कोई प्रचार नहीं है। मैं उन लोगों के लाभ के लिए सरल शब्दों में कोशिश और समझाता हूं जो इसे एक प्रचार कह रहे हैं। क्विनोआ के 3 मुख्य फायदे हैं। मैं इसे सुपरफूड नहीं कहता।

इसका ग्लाइसेमिक इंडेक्स कम है, इसलिए यह मधुमेह के अनुकूल है। क्विनोआ खाने के बाद लोगों को पेट भरा हुआ महसूस होता है। कहीं कहीं रमज़ान में भी क्विनोआ खाये जाता है, क्योंकि यह भूख मिटाता है। चूंकि क्विनोआ अनाज नहीं है, इसलिए इसे उपवास के दौरान भी खाया जाता है

क्विनोआ उगाने की लागत ठीक ठीक आती है, लेकिन बुवाई के दाने महंगे होते हैं । मुख्य लागत प्रोसेसिंग के कारण बढ़ जाती है। क्विनोआ में अनाज की रक्षा के लिये सैपोनिन युक्त कठोर बाहरी आवरण होता है । इसका स्वाद बहुत कड़वा होता है। क्विनोआ को सैपोनिन को हटाने के लिये सबसे पहले एक मेकेनिकल थ्रेशर से साफ किया जाता है । इसके बाद इसे अच्छी तरह से धोया जाता है और इसे दो से चार बार एक मेशर और मशीन से सुखाया जाता है। धोने के बाद, नमी को दूर करने के लिये क्विनोआ को धूप में सुखाया जाता है। लगभग दो मीट्रिक टन अनाज को धूप में सुखाने के लिये लगभग दो से चीन सप्ताह लगते हैं। इससे अनाज महंगा हो जाता है । इसकी विशेषता है छोटे हरे गुच्छेदार फूलों और एक बीज वाले छोटे फलों का उपयोग खाद्य, उच्च प्रोटीन बीज और सूखे मेवों के लिये उपयोग किया जाता है । इसमें ग्लूटेन या कार्बोहाइड्रेट नहीं होता है इसलिये यह अनाज नहीं है। क्विनोआ को एक असली अनाज नहीं माना जाता है । प्रोटीन की मात्रा अन्य अनाजों की तुलना में अधिक होती है। यह एक छद्म अनाज है और यह पोयेसी फैमली का सदस्य नहीं है ।

क्विनोआ एंडीज के निवासियों के लिये पवित्र भोजन माना जाता था । इसे "मातृ अनाज" या "सभी अनाज की मां" कहा जाता था। इसे आटे के साथ में पिसा जाता है, चावल की तरह उबाला जाता है, सूप में उपयोग किया जाता है, और चावल

के कई व्यंजनों में प्रयोग किया जाता है । इसका उपयोग पशुओं के चारे के लिये भी किया जाता है और इससे मादक पेय भी बनाया जाता है । इसकी पत्तियों को एक पत्तेदार सब्जी को सेवन किया जाता है, जो कि अमरैंथ (राजगिरा) की तरह है, हालांकि वर्तमान में क्विनोआ साग की व्यावसायिक उपलब्धता सीमित है ।

क्विनोआ में उपस्थित उच्च प्रोटीन सामग्री और आवश्यक अमाइनो एसिड की उपस्थिति के कारण क्विनोआ को "भविष्य का सुपरग्रेन" कहा गया है । इसमें अधिकांश अनाज की तुलना में असंतृप्त वसा अधिक और कार्बोहाइड्रेट कम होता है, और आयरन और विटामिन बी 1 का समृद्ध स्रोत और कई पोषक तत्वों का एक संतुलित स्रोत है । हालांकि, कड़वे स्वाद वाले सैपोनिन का लेप इसे स्वादहीन बना देता है । इसमें उपस्थित सैपोनिन क्विनोआ को पक्षियों और अन्य जानवरों से बचाता है ।

क्विनोआ एक मूल्यवान पोषक तत्व युक्त भोजन है जो ग्लूटेन से मुक्त है । क्विनोआ के स्वास्थ्य लाभ में शरीर का भार कम करना, हृदय के स्वास्थ्य में सुधार, डीटॉक्सिफिकेशन और बेहतर पाचनकारी भोजन । क्विनोआ डायबिटीज को नियंत्रित करने और पित्त रोगों को कम करने में भी सहायता करता है । क्विनोआ को कई अनाज या आटे में प्रयोग किया जा सकता है । क्विनोआ में वसा कम होती है और इसे विश्व भर के कई खाद्यान्नों के स्वस्थ विकल्प के रूप में आहार में जोड़ा जा रहा है ।

यूण तो क्विनोआ की लगभग 120 किस्में पाई जाती उनमें से सफेद, लाल और काला क्विनोआ तीन प्रकार पाये जाते हैं । सफ़ेद क्विनोआ साधारणतया पर आयवरी क्विनोआ के नाम से जाना जाता है, बाजार में सबसे अधिक उपलब्धता है। इसकी एक विशेषता यह है कि इसके पकने में लिये कम से कम समय लगता है।

लाल क्विनोआ ठंडा सलाद जैसे व्यंजनों के लिये यह विविधता सबसे पसंद किया जाता है। सफेद किस्म की तुलना में, लाल क्विनोआ को खाने में पकाने के बाद अपना मूल आकार और ढांचे को बनाये रखता है ।

काला क्विनोआ पकाने के बाद भी यह इसका मूल रंग रहता है। यद्यपि यह खाना पकाने के लिये सबसे लंबा समय तक लेता है किन्तु इसका एक स्वाद मीठा होता है ।

क्विनोआ बाकी अनाजों की तुलना में पकने में सबसे कम समय केवल बारह से पंद्रह मिनट लगते हैं । क्विनोआ व्यस्त परिवारों और व्यक्तियों के लिये एक आसान भोजन का विकल्प है । कुछ अनाज के विपरीत, जो ठंडा होने पर सूख जाते

हैं, क्विनोआ कमरे के तापमान पर अपना स्वाद बनाये रखता है।

क्विनोआ को आहार में विभिन्न तरीकों से सम्मिलित किया जा सकता है, नाश्ते में दलिया के रूप में और सलाद में जोड़ा सकता है। क्विनोआ सूप को गाढ़ा करने के लिये भी उपयोग किया जा सकता है, और क्विनोआ आटे से ग्लूटेन मुक्त बेकिंग में की जा सकती है। क्विनोआ और छोटे मटर का सलाद खा सकते हैं। क्विनोआ में पालक और एवोकाडो मिला कर सेवन कर सकते हैं। क्विनोआ मीट बेस्ड डिश के साथ सेवन सकते हैं। शाकाहारी इसको मुख्य डिश की तरह भी सेवन सकते हैं। भुनी हुई सब्जियों के साथ क्विनोआ को थोड़े से तेल में मिलाकर या इसको आप सलाद की तरह भी सेवन कर सकते हैं। ब्राउन राइस और क्विनोआ को मिलाकर एक स्वादिष्ट क्रिस्पी क्रैकर्स बनाया जा सकता है। दक्षिण अमेरिका में क्विनोआ का केक बनाने के लिये उपयोग किया जाता है।

क्विनोआ के पोषक गुण क्विनोआ ग्लूटेन फ्री है, इसमें 9 तरह के अमिनो एसिड होते हैं। इसमें भी ज्यादा है। क्विनोआ में पोटेशियम, मैग्नीशियम और कैल्शियम भी ज्यादा मात्रा में होती है। 100 ग्राम क्विनोआ में 368 किलो कैलोरी, प्रोटीन 14.1 ग्राम, कार्बोहाइड्रेट 64.2 ग्राम, चीनी, 0.9 ग्राम, आहार फायबर: 7 ग्राम, वसा 6.1 ग्राम, मोनोअनसैचुरेटेड 1.6 ग्राम, पॉलीअनसेचुरेटेड 3.3 ग्राम

15
ओट्स

ओट्स

(यूँ तो ओट्स मिलेट्स नहीं होता हैं फिर भी इसकी सेहत सम्बंधी लोकप्रियता के आधार पर इसका विवरण सम्मिलित किया गया है ।)

परिचय भारत में ओट्स को जई नाम से भी जाना जाता है। ओट्स को हिंदी में जौवर भी कहा जाता है। व्यापक रूप से भारत में जई की खेती हरियाणा और पंजाब में की जाती है । जई घास के खाद्य बीजों का अनाज है। यह सफेद रंग का दानेदार अनाज गांवों में कबूतर जैसे पक्षियों को खिलाया जाता है। जई का उपयोग पशु आहार पशुधन चारा, घास, चारागाह के लिये होता है । घोड़ों के फ़ीड में भी उपयोग किया जाता है । ओट्स वनस्पति विज्ञान में घास फैमिली पोएसी की प्रजाति एवेना सैटिवा है । जौ और जई के बीच मुख्य अंतर है । जौ एक प्राथमिक फसल है जिसे अनाज घास के रूप में उगाया जाता है जबकि जई प्राथमिक गेहूं और जौ के बीच एक अवांछित फसल है। इसके अलावा, जौ के दाने एक स्पाइक में होते हैं जबकि जई छोटे फूलों के रूप में उगते हैं । इसके पोषण मूल्य और अतिरिक्त स्वास्थ्य लाभों के कारण मानव भोजन के रूप में किया जाता है। जई अनाज के पौधे अवेना सैटिवा जीनस के अन्य प्रसिद्ध पौधे जंगली जई, लाल जई और जंगली लाल जई हैं। जई की लगभग दस से पंद्रह प्रजातियां और उप-प्रजातियां हैं।

ओट्स कोलेस्ट्रॉल और ब्लड शुगर को कम कर सकता है इसके सेवन से पेट भरा हुआ महसूस होकर भूख नियंत्रित करने में सहायता मिलती है । ओट ब्रान आंत को ऐसे पदार्थों को अवशोषित करने से रोकने का काम करता है जो हृदय रोग, उच्च कोलेस्ट्रॉल और डायबिटीज का कारण बन सकते हैं। जई का चोकर, और अन्य घुलनशील फायबर और कम संतृप्त वसा में आहार के हिस्से के रूप में सेवन करने से टोटल कोलेस्ट्रॉल और लो डेनसिटी लिपोप्रोटीन (एलडीएल या "खराब") कोलेस्ट्रॉल को कुछ हद तक कम किया जा सकता है जब । त्वचा पर लगाने पर ओट्स सूजन को कम करता है।

ओट्स जई का चोकर और साबुत ओट्स का उपयोग हृदय रोग, उच्च कोलेस्ट्रॉल और डायबिटीज में किया जा सकता है। उनका उपयोग उच्च रक्तचाप, कैंसर, शुष्क त्वचा और कई अन्य स्थितियों के लिये भी किया जाता है। खाद्य पदार्थों में ओट्स के कई उपयोग हैं । इसे ओटमील में रोल किया जाता है या जई का बारीक आटा पीस लिया जाता है। मुख्य रूप से दलिया के रूप में खाया जाता है, लेकिन इसका उपयोग विभिन्न प्रकार के बेक किए गये खाद्यों में जैसे ओटकेक, दलिया कुकीज़ और जई की रोटी भी किया जाता है । ओट्स मूसली और ग्रेनोला में कई ठंडे अनाजों में एक घटक है । ओट्स का उपयोग दूध के विकल्प के उत्पादन के लिये भी किया जाता है। ओट्स के अर्क का उपयोग त्वचा के लिये भी किया जा सकता है, यह कॉस्मेटिक के लिये भी लोकप्रिय हैं।

ओट ग्रास का उपयोग पारंपरिक रूप से कॉस्मेटिक में किया जाता है, इसे स्त्रियों मासिक धर्म चक्र को संतुलित करने, और ऑस्टियोपोरोसिस और यूरेनरी ट्रैक्ट के ईन्फेक्शन लिये भी उपयोग किया जाता है।

ओट्स का व्यापक रूप से सूप में गाढ़ापन के रूप में उपयोग किया जाता है।

ओट्स के पौष्टिक गुण प्रति 100 ग्राम ओट्स 389 किलो कैलोरी ऊर्जा देता है । इसमें कार्बोहाइड्रेट 66.3 ग्राम डायटरी फायबर 11.6 ग्राम, फैट 6.9 ग्राम,संतृप्त फैट 1.21 ग्राम,मोनोअनसैचुरेटेड 2.18ग्राम, पॉलीअनसेचुरेटेड 2.54 ग्राम, प्रोटीन16.9 ग्राम,थायमिन 0.763 मिलीग्राम, राइबोफ्लेविन 39 मिलीग्राम,नियासिन 0.961 मिलीग्राम,पैटोथेनिक एसिड 1.349 मिलीग्राम,विटामिन बी6 0.12 मिलीग्राम,फोलेट 6 माईक्रो ग्राम, कैल्शियम 54 मिलीग्राम,आयरन 5 मिलीग्राम, मैग्नीशियम 77 मिलीग्राम,मैंगनीज 4.9 मिलीग्राम,फास्फोरस 523 मिलीग्राम,पोटेशियम 429 मिलीग्राम,सोडियम 2 मिलीग्राम,जिंक 4 मिलीग्राम होते हैं ।

सावधानी गर्भावस्था और स्तनपान में खाद्यान्न जई का चोकर और साबुत जई सुरक्षित नहीं माना जाता है। यूँ तो जई का अर्क युक्त लोशन त्वचा पर उपयोग करने के लिये संभवतः सुरक्षित है। फिर भी त्वचा पर लगाने से कुछ लोगों को रैशेज हो सकते हैं।ओट्स रक्त शर्करा के स्तर को कम कर सकता है। डायबिटीज की दवाओं के साथ ओट्स लेने से ब्लड शुगर बहुत कम हो सकता है। रक्त शर्करा पर निगरानी रखना चाहिये।

16

फोनियो

इसकी दो प्रजातियाँ श्वेत फोनियो (डिजिटैरिया एक्जेलिस),कृष्ण फोनियो (डिजिटैरिया इबुरुआ) पाई जाती है

फोनियो एक अफ्रीकी प्राचीन अनाज है जो मूल रूप से पश्चिम अफ्रीका में खेती की जाती है। यह उनका मुख्य भोजन है और खासी पहाड़ियों सहित भारत के बहुत छोटे और कम क्षेत्रों में पाया जाता है। यह अनाज ज्यादातर अन्य देशों के पहाड़ी क्षेत्रों जैसे बुर्किना फासो, गिनी, सेनेगल, माली और नाइजीरिया में होता है। फोनियो को आचा, इबुरा, और भूखे चावल भी कहा जाता है।

फोनियो दक्षिण-पूर्व सेनेगल की मूलतः फसल है । फोनियो सुपरफूड का नवीनतम जोड़ है । यह स्वादिष्ट, ग्लूटेन मुक्त और पोषक तत्वों से भरा होता है । फोनियो सेनेगल में भूख और गरीबी को समाप्त करने की कुंजी हो सकती है जिसमें यह उगाया जाता है। फोनियो की खेती अफ्रीका के शुष्क क्षेत्रों में की जाती है जहां सिंचाई या उपजाऊ मिट्टी के बिना अन्य फसलें जीवित नहीं रह सकती हैं । इसे उर्वरक की आवश्यकता नहीं होती है और बीज से परिपक्वता जल्दी होती है ।

स्वास्थ्य लाभ सनेगल के टोगो के कुछ क्षेत्रों में, बच्चे के जन्म के बाद रक्त के थक्के को रोकने के लिये भी फोनियो का उपयोग किया जाता है क्योंकि यह आयरन का अच्छा स्रोत है और स्तनपान करने वाले लोगों में दूध उत्पादन को प्रोत्साहित करता है। यह सूक्ष्म विटामिन सहित कई आवश्यक पोषक तत्वों से भरा होता है ।

फोनियो एक सुपरफूड है। यह प्रोटीन में समृद्ध अमीनो एसिड युक्त होता है, जो अधिकांश अनाज में नहीं पाया जाता है । इसमें कार्बोहाइड्रेट और आहार

फायबर बहुत अधिक होता है । फोनियो में कम ग्लाइसेमिक इंडेक्स है । फोनियो आसानी से पचने योग्य है और धीरे-धीरे अपनी ऊर्जा जारी करता है। पोषक तत्वों में कैल्शियम, जिंक मैग्नीशियम, मैंगनीज और आयरन भरपूर होता है ।

फोनियो को एक स्वस्थ भोजन माना जाता है क्योंकि यह कई प्रकार के लाभ प्रदान करता है। यह अनाज फाइबर, विटामिन डी और आयरन का एक अच्छा स्रोत है जो शरीर के लिये लाभप्रद होता है। इसका सेवन बच्चों, वयस्कों और बुजुर्गों सभी के लिये एक स्वस्थ भोजन के रूप में किया जा सकता है।

फोनियो ग्लूटेन मुक्त विटामिन डी का समृद्ध स्रोत है । मधुमेह वाले लोगों में विटामिन डी का निम्न स्तर आम है। इसलिये, फोनियो खाने के विभिन्न तरीके हैं जो आपके शरीर में विटामिन डी को आसानी से बढ़ा सकते हैं और इस लाभ के साथ मधुमेह रोगियों के लिये भी अच्छा है।

कम ग्लाइसेमिक इंडेक्स के अतिरिक्त लाभ के कारण फोनेयो को मधुमेह के लोगों के लिये अच्छा माना जाता है। इसे अपने आहार में शामिल करने से मधुमेह को नियंत्रित करने और रक्त शर्करा के स्तर को बनाये रखने में मदद मिल सकती है। फोनियो विटामिन सी का भी अच्छा स्रोत है।

फोनियो आहार फायबर में उच्च होने से वजन घटाने के लिये भी एक महत्वपूर्ण भूमिका निभाता है। यह अनाज आसानी से पच सकता है । यह फाइबर आपको पूर्ण रखने में मदद करता है । यह विटामिन बी 1, बी 3 और आयरन से भरपूर होने की वजह से पूरे दिन ऊर्जावान बनाये ए रख सकता है।

रोगों की वृद्धि और सुरक्षा के लिये संतुलित पौष्टिक आहार आवश्यक है। इसलिये, भोजन में आयरन युक्त खाद्य पदार्थों को शामिल करना भी महत्वपूर्ण है। फोनियो आयरन का एक समृद्ध स्रोत है । इसकी उच्च आयरन के कारण, फोनियो गर्भवती महिलाओं और उनके बच्चे के लिये भी लाभप्रद माना जाता है। फोनियो के अन्य स्वास्थ्य लाभों में मस्तिष्क की अच्छी शक्ति, हृदय के स्वास्थ्य को बढ़ावा देना और प्रतिरक्षा प्रणाली को बढ़ावा देना शामिल है।

फोनियो स्वाभाविक रूप से सोडियम, कोलेस्ट्रॉल और वसा में कम होता है और इसमें अच्छी मात्रा में प्रोटीन होता है ।

फोनियो केपोषक गुण 30 ग्राम कच्चा फोनियो में कैलोरी 150, वसा 0.5 ग्राम, प्रोटीन 2 ग्राम, आहार फायबर 1 ग्राम होता है ।

फोनियो का सेवन करने के तरीके

घर पर फोनियो का उपयोग करके कई आसान और सरल व्यंजन बनाया जा सकता हैं। इसे केवल तीन मिनट में पकाया जा सकता है और यदि चावल या

क्विनोआ का सेवन करनानहीं चाहते हैं तो एक विकल्प के रूप में फोनियो का उपयोग किया जा सकता है। फोनियो का सेवन विभिन्न रूपों में जैसे कि स्टॉज, सूप, सैंडविच, सलाद, दलिया या साइड डिश के रूप में किया जा सकता है ।

फोनियो कैसे पकाएं?

फोनियो दिखने और तैयार करने में कूसकूस के समान है। यह थोड़े प्रयास से बहुत जल्दी पक जाता है, इसलिये यह कई प्रकार के भोजन को बढ़ावा देने के लिये एक उत्कृष्ट साइड डिश है।

फोनियो के लिये पानी का मूल अनुपात 4 से 1 है । उदाहरण के लिये, प्रत्येक पाव कप फोनियो में 1 कप पानी डालें । एक सॉस पैन में पानी उबाल लें, आँच बंद कर दें, और फोनियो में हिलाते रहें। कवर करें और लगभग 10 मिनट तक इसे छोड दें जब तक कि तरल अवशोषित न हो जाये। यदि कोई पानी अवशोषित नहीं होता है, तो बहुत कम आँच पर और 2 से 3 मिनट तक पकाएँ। और यह परोसने के लिये तैयार है। स्वाद को बेहतर बनाने के लिये, तेल के छींटे और एक चुटकी नमक डालें।

फोनियो को नाश्ते में दलिया बनाने के लिये पानी के थोड़े अधिक अनुपात में पकाया जा सकता है, इसे मेपल सिरप और एक चुटकी दालचीनी के साथ परोसा जा सकता है।

सलादः एक बार पकाया और ठंडा होने के बाद, ठंडा फोनियो पत्तेदार सलाद के लिये बढ़िया है, या सलाद के आधार के रूप में उपयोग किया जाता है। ड्रेसिंग के साथ, यह कमरे के तापमान पर अच्छी तरह से रहता है, इसलिये यह दोपहर के भोजन, काम या पिकनिक पर जाने के लिये एक उत्कृष्ट व्यंजन है।

गर्म नाश्ताः अतिरिक्त पानी या सोया केदूध के साथ फोनियो को एक सुखद पौष्टिक स्वाद क्रीमी ओटमील्स दलिया का विकल्प बन सकता है । इच्छानुसार मीठा और ताजे या सूखे मेवे, भुने हुए मेवे या बीज, या किसी भी पसंदीदा टॉपिंग के साथ सेवन किया जा सकता है ।

फोनियो के अन्य शाकाहारी व्यंजन

- मूंगफली की चटनी में फोनियो बॉल्स
- इथियोपियाई शकरकंद फोनियो टैकोस
- फोनियो पिलाफ (तोरी और गाजर के साथ)
- मलाईदार फोनियो अनाज

17

टेफ़

टेफ़ का वनस्पति जगत का नाम एराग्रोस्टिस टेफ़ है । यह एक इथियोपियाई खाद्दान्न है । इथोपिया में इसकी खेती मुख्य फसल के रूप में की जाती है । टेफ़ बारीक खसखस के आकार का सबसे छोटा खाद्दान्न है। इसके छोटे बीज प्रोटीन सामग्री से अत्यधिक पौष्टिक होते हैं । इसके बीज विभिन्न प्रकार के रंगों सफेद या बहुत गहरा लाल भूरे होते है । टेफ़ कठिन जलवायु में भी इथियोपिया और इरिट्रिया के ऊंचे इलाकों में उगता और पनपता है । टेफ़ घास की तरह कई प्रकार की परिस्थितियों में उगाया जा सकता है, जिसमें अन्य खाद्दान्न के लिये उपयुक्त नहीं होने वाली परिस्थितियाँ भी शामिल हैं । इथियोपिया के व्यंजनों में टेफ़ मुख्य खाद्दान्न की तरह शामिल है । इसमें बहुत हल्का और दरदरा पौष्टिक स्वाद होता है । इंजेरा नाम से प्रसिध्द स्पंजी फरमेंटेड फ्लैट रोटी अधिकांश इथियोपियाई लोगों का मुख्य भोजन है । इंजेरा एक सपाट, पैनकेक जैसी फरमेंटेड रोटी है । पारंपरिक रोटी इंजेरा बनाने के लिये टेफ़ के आटे का उपयोग किया जाता है । टेफ़ में एमिनो एसिड प्रोटीन, कैल्शियम और आयरन उच्च मात्रा में होता है । यह अन्य खाद्य पदार्थों की तुलना में कम ईंधन का उपयोग करके जल्दी पक जाता है।

इससे ग्लूटेन मुक्त आटा का सर्वोत्तम विकल्प बनाने के लिये पीस कर आटा बनाया जाता है, और पाई क्रस्ट, कुकीज़, ब्रेड और अन्य बेक्ड खाद्य पदार्थ के लिये उपयोग किया जाता है। टेफ को साबुत,उबले हुये, या सेंक कर व्यंजन डिश या मुख्य भोजन के रूप में भी सेवन किया जा सकता है ।

टेफ़ की फसल को खेती के लिये न्यूनतम जुताई की आवश्यकता होती है, जबकि इसकी उत्पादकता कम होती है । एक विशिष्ट खेत को बोने के लिये मुट्ठी भर टेफ़ पर्याप्त है । टेफ़ जलभराव वाली मिट्टी और सूखे के दौरान भी पनपती है,

जिससे यह जहाँ कहीं भी उगाया जाता है, वहां एक भरोसेमंद स्टेपल बन जाता है। यह इथियोपिया में दो मिलियन हेक्टेयर से अधिक में उगाया जाता है।

यह प्रोटीन का समृद्ध स्रोत है। ग्लूटेन मुक्त टेफ़ हड्डियों और दांतो को मजबूती देने में मदद करता है। महिलाओं में पीएमएस और मासिक धर्म के दौरान ऐंठन और दर्द को कम करता है। टेफ़ कब्ज को कम करने में मदद करता है। यह ब्लड शुगर कम करने में मदद करता है।

स्वाद में थोड़ा मीठा टेफ़ में कम कैलोरी होती है। इसके सेवन से शरीर का वज़न बढ़ाये बिना पर्याप्त मात्रा में पोषण मिल सकता है। टेफ़ एक पौष्टिक भोजन माना जाता है जिसका स्वाद अच्छा होता है और शरीर में फैट जमा नहीं होती है।

इसका सेवन लंबे समय तक चलने वाली ऊर्जा प्रदान करने में मदद करता है। बहुत से लोग दिन शुरू करने के लिए एनर्जी के लिये महंगे ऊर्जा बूस्टर पेय लेते हैं। इन एनर्जी ड्रिंक में चीनी और वसा होती है। इन विकल्पों के बजाय, कोई भी टेफ़ खाद्दान्न सीड्स का विकल्प चुन सकता है जो शुद्ध रूप से प्राकृतिक, वसा में कम होते हैं और किसी भी कार्य को पूरा करने के लिए बड़ी मात्रा में एनर्जी प्रदान करते हैं।

शरीर की दैनिक आवश्यकता को पूरा करने के लिये टेफ़ के बीजों में भरपूर मात्रा में फायबर होता है। टेफ़ की एक सर्विंग लगभग पाँच ग्राम फायबर प्रदान करती है जो अन्य साबुत खाद्दान्न के आटे की तुलना में बहुत अधिक है।

फायबर से भरपूर, टेफ़ खाद्दान्न वजन नियंत्रण में भी मदद करता है। जितना अधिक आहार फायबर का सेवन किया जायेगा, शरीर का पाचन उतना ही बेहतर होता है। साथ ही यह लंबे समय तक पेट भरा होने की भावना देता है और भोजन के बीच अनावश्यक अल्पाहार को रोकता है।

टेफ़ खाद्दान्न में कॉपर काफी मात्रा में पाया जाता है जो उम्र बढ़ने के शुरुआती संकेतों को नियंत्रित करने में मदद करता है और लंबे समय तक बालों के प्राकृतिक चमकीला रंग को बनाये रख सकता है।

टेफ़ के उपयोग

टेफ़ को भाप देकर, उबाल कर या सेंक कर साबुत सेवन किया जा सकता है। इसे पीसा जा सकता है और इसे स्वादिष्ट पारंपरिक इन्जिरा फ्लैटब्रेड बनाने के लिये इस्तेमाल किया जा सकता है। ब्रेड का उपयोग ब्रेड, पेनकेक्स, दलिया, और अन्य सेंके गये व्यंजन बनाने के लिये किया जा सकता है।

टेफ़ किसी भी रेसिपी में थोड़ा सा क्रंच जोड़ता है। भारतीय आहार में टेफ़ जोड़ना बहुत ही सरल है। प्रतिदिन नाश्ते में खाद्दान्न, मूसली, उपमा, पोहा, इडली आदि में दो बड़े चम्मच सूखी भुनी हुई टेफ़ मिला कर सेवन किया जा सकता है।

टेफ़ पोषक गुण कच्चा टेफ़ में 9% पानी, 73% कार्बोहाइड्रेट, 13% प्रोटीन और 2% वसा होता है। पका हुआ टेफ़ 75% पानी, 20% कार्बोहाइड्रेट, 4% प्रोटीन और 1% से कम वसा (टेबल) होता है। टेफ़ प्रोटीन, आहार फाइबर और मैंगनीज का एक समृद्ध स्रोत है, और इसमें मध्यम मात्रा में थियामिन, फास्फोरस , लोहा, मैग्नीशियम और जिंक होता है अधिकांश अन्य अनाजों की तुलना में टेफ़ में आहार फायबर की मात्रा भी अधिक होती है।

100 ग्राम टेफ़ में ऊर्जा 101 किलो कैलोरी,कार्बोहाइड्रेट 19.86 ग्राम ,आहार फायबर 2.8 ग्राम वसा 0.65 ग्राम,प्रोटीन 3.87 ग्राम,विटामिन थायमिन 183 मिलीग्राम, राइबोफ्लेविन .033 मिलीग्राम,नियासिन .909 मिलीग्राम,विटामिन बी6 0.097 मिलीग्राम,फोलेट 18 माईक्रोग्राम, कैल्शियम 49 मिलीग्राम,आयरन 2.05 मिलीग्राम,मैग्नीशियम 50 मिलीग्राम,मैंगनीज़ 2.86 मिलीग्राम,फास्फोरस 20 मिलीग्राम,पोटेशियम 107 मिलीग्राम,सोडियम 8 मिलीग्रामजिंक 1.11 मिलीग्राम होती है ।

सावधानी

यूँ तो टेफ़ मध्यम स्तर पर सेवन किया जाना पूरी तरह से सुरक्षित है फिर भी टेफ़ के अत्यधिक सेवन से प्रतिकूल प्रभाव पड़ सकता है। टेफ़ में प्रचुर मात्रा में आहार फायबर होने से अत्यधिक सेवन के कारण पेट में दर्द और गैस हो सकती है । टेफ़ में उच्च मात्रा में फाइटेट अम्ल होता है जो खनिज अवशोषण को रोकता है। जिंक और कैल्शियम की कमी वाले लोगों को बड़ी मात्रा में टेफ़ का सेवन करने की सलाह नहीं दी जाती है।

18

मिलेट के व्यंजन जवार का मीठा पेय

जवार का मीठा पेय

सामग्री

तीन बड़े चम्मच जवारी का आटा या सोरघम ड्रिंक पाउडर,एक कप दूध,तीन कप पानी,स्वाद के लिये चीनी

विधि

एक पैन में जवार के दाने को गहरे भूरे रंग के होने तक भून लें और फिर ठंडा कर लें ।मोर्टार और मूसल या हैंड मिल बहुत अच्छा आटा के लिये पीस लें ।एक कसकर ढके जार में स्टोर करें ।

ड्रिंक बनाने की विधि

एक बर्तन में दूध और पानी डालें और उबलने दें ।आटे से जवारी के पानी का पेस्ट बना लें और पाँच मिनट तक चलाते हुये उबले हुए मिश्रण में मिला दें ।छान लें और स्वादानुसार चीनी डालें । नाश्ते के साथ गरमागरम परोसें।

इसको जवारी मीठी राब भी कहा जाता है ।

19

फॉक्सटेल मिलेट का उपमा

सामग्री

सौ ग्राम कंगनी या फॉक्सटेल मिलेट,एक गाजर,आधी प्याज़,आधी कटोरी मटर के दाने,छः से सात करी पत्ते,दो हरी मिर्च,नमक आधा चम्मच हल्दी,चुटकी भर हींग,घी

विधि

सबसे पहले कंगनी या फॉक्सटेल मिलेट को पानी से साफ कर लें। इसमें, रेशों की मात्रा अधिक होती है। इसलिये, दो तीन बार पानी से इसे साफ कर लें। फिर, इसे दो गिलास पानी के साथ कूकर में डालें। इसमें एक दो चम्मच नमक भी मिलायें। अब, कूकर को आंच पर रखें। तीन चार सीटी देने के बाद कूकर को गैस से उतार लें। फिर, मिलेट को छानकर रख दें। अब एक कड़ाही में घी गर्म करें। इसमें, हींग, थोड़ा जीरा, हरी मिर्च और करी पत्ता डालें। कटी हुई प्याज़ को इस तड़के में डालें और दो तीन मिनट पकायें। कद्दूकस की हुई गाजर और उबली हुई मटर के दानें इसमें डाल दें। हल्दी, नमक भी डाल दें और तड़के को पकने दें। फिर, छान कर रखी गयी कंगनी या फॉक्सटेल मिलेट को इस तड़के में पलट दें। चार पाँच मिनट तक चलाने के बाद ढंक दें। इसे, पकने में दस मिनट तक का समय लगता है। परोसते समय इसपर ऊपर से थोड़ा-सा घी और डाल दें।

20

बाजरा की इडली

सामग्री

तेल,जीरा,प्याज, हरी मिर्च एक बारीक कटी हुई, बारीक कटा हुआ अदरक, हल्दी पाउडर, लाल मिर्च पाउडर, गरम मसाला पाउडर उबला और मैश किया हुआ आलू, धनिया के पत्ते

विधि

बाजरा के इडली बैटर के लिये

एक कप बाजरे का आटा, दो कप इडली चावल, आधा कप छिले हुए साबुत काला चना ।

काला चना और चावल को अलग अलग पीस लें। इन दोनों को आपस में मिलाकर आठ घंटे के लिये खमीर उठने के लिये रख दें।

आलू मसाला

एक पैन में तेल, जीरा, प्याज, हरी मिर्च, अदरक, हल्दी पाउडर, लाल मिर्च पाउडर, गरम मसाला पाउडर, मसले हुये आलू डालें। धनिया पत्ती से सजायें। इडली पैन को तेल से ग्रीस कर लें और बैटर की एक परत डालें

बैटर के ऊपर आलू का मसाला फैलायें और ऊपर से बैटर की परत लगायें

इसे पंद्रह मिनट तक स्टीम करें और चटनी के साथ परोसें ।

21

कोदो मिलेट ओरियो पेनकेक्स

सामग्री

आधा कप कोदो मिलेट का आटा,आधा कप चीनी, पाव कप कोको पाउडर,दो चम्मच बेकिंग पाउडर, एक चुटकी नमक, दो बड़े चम्मच मक्खन, एक अंडा एक कप से थोड़ा अधिक दूध ।

विधि

सूखी सामग्री मिलायें। गीली सामग्री को एक साथ फेंटें । गीले मिश्रण में सूखा मिश्रण डालें एक साथ मोड़ लें । पैनकेक बैटर तैयार है । तवे पर थोड़ा सा मक्खन लगाकर पैनकेक बना लें । पलट कर दोनों तरफ सेकें । फेंटी हुई मलाई के बदले स्टोर से खरीदी गई व्हीप्ड क्रीम का उपयोग कर सकते हैं या क्रीम का उपयोग करके बना सकते हैं

प्रक्रिया के लिये ठंडे कटोरे का प्रयोग करें । दो से चार मिनट के लिये कुछ भारी क्रीम और मेपल सिरप को फेंटें व्हीप्ड क्रीम के साथ पैनकेक को बीच में ढेर करें । कुछ चॉकलेट सिरप छिड़कें और ऊपर से कुचले हुए ओरियो डालें।

22

लिटिल मिलेट उत्तपम

सामग्री

ढाई कप लिटिल मिलेट, आधा कप साबुत काला चना, आधा कप उड़द की दाल,एक छोटा चम्मच मेथी

गार्निशिंग के लिये एक छोटा चम्मच जीरा, एक छोटा प्याज बारीक कटा हुआ, कद्दूकस की हुई एक छोटी गाजर, एक इंच लम्बा अदरक कटा हुआ, दो बारीक कटी हरी मिर्च,करी पत्ते धनिये के पत्ते

विधि

लिटिल मिलेट को धोकर प्याले में भिगो दीजिये ।एक दूसरे बाउल में काला चना,उड़द की दाल और मेथी को पाँच से छः घंटे के लिये भिगो दें ।फिर से धोकर थोड़ा नमक और पानी के साथ अलग अलग पीस लें । दोनों बैटर को एक बाउल में मिला लें और छः से आठ घंटे के लिये फरमेंट कर लें।

कद्दूकस की हुई गाजर, कटा हुआ प्याज, बारीक कटी हरी मिर्च और अदरक, कड़ी पत्ता, हरा धनिया और जीरा उत्तपम पर टॉपिंग के लिये रखें।

पैन को घी या तेल से ग्रीस कर लें और उसमें एक छोटा कप घोल डालकर अच्छी तरह फैला लें। उत्तपम के ऊपर गाजर, प्याज, हरी मिर्च, अदरक, कड़ी पत्ता, हरा धनिया और जीरा छिड़कें । एक या दो मिनट के लिये ढक्कन से ढक दें। किसी भी पसंद की चटनी या चटनी पाउडर के साथ गरमागरम परोसें ।

23

राागी (फिंगर मिलेट) का दलिया

रागी (फिंगर मिलेट) का दलिया

मीठा रागी दलिया

सामग्री

रागी का आटा दो बड़े चम्मच,गुड़ पाउडर डेढ़ बड़ा चम्मच,पानी एक चौथाई कप,दूध एक कप

विधि

चम्मच रागी का आटा लेकर उसे छान लें।एक पैन में गुड़ का पाउडर और पानी डालकर उसे पकाएं। जब गुड़ पिघल जाए, तो गैस बंद कर दें । रागी के आटे में इस गुड़ के पानी को अच्छी तरह मिला लें, जिससे गुठली न पड़ें। अब इसमें चौथाई कप पानी डालकर, गैस पर चढ़ा दें और मध्यम आंच पर पकने दें । दलिया को लगातार चलाते रहें ताकि यह बर्तन में चिपकने ना पाये ।जब दलिया गहरे भूरे रंग का हो जाए तो गैस बंद कर दें

24

नमकीन रागी दलिया

रागी दलिया नमकीन भी बना सकते हैं। दलिया में हरी सब्जियां डालकर पकाने से, यह अधिक पौष्टिक नाश्ता बन जाता है, जिसे मिनटों में तैयार किया जा सकता है। सभी ऊम्र के लोग इस पौष्टिक नाश्ते के साथ अपने दिन की शुरुआत कर सकते हैं।

सामग्री

रागी का आटा दो बड़े चम्मच,उबली हुई मटर एक चम्मच,गाजर कद्दूकस किया हुआ एक चम्मच,एक टमाटर बारीक कटा हुआ ,हरा धनिया, प्याज स्वादानुसार,एक हरी मिर्च, एक चम्मच घी चार पाँच करी पत्ता,एक कटी हुई हरी मिर्च , छोटा पाव चम्मच हल्दी पाउडर ,पाव छोटा चम्मच राई,नमक, अमचूर स्वादानुसार,पानी 50 मिली लिटर

विधि

सर्वप्रथम, एक पैन में घी डालकर गरम होने रखें। गरम होने पर इसमें राई और करी पत्ता से छौंक लगा लें ।अब इसमें कटा हुआ टमाटर डालकर 1-2 मिनट तक पकायें। साथ ही, कटी हुई हरी मिर्च, हल्दी व नमक भी डाल दें। अब रागी का आटा डालकर दो मिनट तक भूनें ।फिर इसमें थोड़ा थोड़ा पानी डालकर लगातार चलाते रहें । साथ में कद्दूकस की हुई गाजर और उबली मटर डाल दें । दलिया को लगातार चलाते हुए, कुछ देर तक पकायें।अंत में हरा धनिया और नींबू रस या अमचूर (स्वादानुसार) डालकर गैस बंद कर दें । रागी दलिया तैयार है ।

25

बाजरा की चपाती

सामग्री

एक कप बाजरा लगभग 250 ग्राम,एक बड़ा चम्मच तेल या घी,आधा कप खाना पकाने का तेल,पर्याप्त गर्म पानी, एक चुटकी नमक

विधि

बाजरा और नमक छान लें।उँगलियों की सहायता से तेल या घी में तब तक मलें जब तक कि सारा चिकनाहट अच्छी तरह मिल न जाये।आटा गूंथ लें । नरम होने पर बॉल्स में बाँट लें।प्रत्येक बॉल के नीचे सूखा आटा लगाकर एक सर्कल में गोल करें ।हर चपाती को धीमी आंच पर दोनों तरफ से सुनहरा होने तक सेंक लें।चपाती को गरमागरम परोसें ।

26

बाजरा की मठरी

सामग्री

दो कप बाजरे का आटा, दोकप गेहूं का आटा, दो छोटे चम्मच बेकिंग पाउडर, तीन बड़े चम्मच चीनी आधा कप खाना पकाने का तेल,पानी, आधा चम्मच नमक ।

विधि

बाजरा, गेहूं का आटा, बेकिंग पाउडर, चीनी और नमक को छान लें। धीरे-धीरे पानी डालते हुए नरम आटा गूंथ लें। तेल डालकर और गूंद लें। 30 मिनट के लिये आराम करने दें। एक सेंटीमीटर मोटाई तक बेल लें और मनचाहे आकार और आकार में काट लें। सुनहरा भूरा होने तक डीप फ्राई करें । गर्म या ठंडे पेय के साथ परोसें।

ध्यान दें

गेहूं के आटे का उपयोग एक साथ रखने के लिये आवश्यक ग्लूटेन प्रदान करने के लिये किया जाता है । गेहूं का अनुपात बाजरा 1: 1 से 1: 2 तक बढ़ाया जा सकता है।

27

बाजरे की छड़ियों के साथ खस्ता एवोकैडो सलाद

सामग्री

एवोकाडो, ड्रेसिंग,प्याज,टमाटर,सिरका,अंडे,बेकिंग पाउडर,बेकिंग आटा,बाजरे का आटा

विधि

एक बाउल में बाजरे का आटा, अंडे, सिरका, बेकिंग पाउडर, चीनी और नमक डालकर आटा गूंथ लें। लोई को बेल कर स्टिक बना लें और फिर बराबर आकार में काट लें और क्रिस्पी होने तक फ्राई करें।एवोकाडो को छीलकर क्यूब्स में काट लें, प्याज़ और टमाटर के टुकड़े कर लें और फिर एवोकाडो पर छिड़कें। ड्रेसिंग जोड़ें। बाजरे की एक-दो इंडियां चुनें और फिर सलाद के ऊपर व्यवस्थित करे परोसें

28

फॉक्सटेल मिलेट का ढोकला

सामग्री

एक कप फॉक्सटेल मिलेट सूजी, दो छोटे चम्मच अदरक हरी मिर्च का पेस्ट पीस लें लाल रंग के लिये पाँच बड़े चम्मच चुकंदर की प्यूरी, दही आधा कप,आवश्यकता अनुसार नमक, आवश्यकता अनुसार गाढ़ा घोल बनाने के लिये पानी बेकिंग सोडा एक चम्मच नींबू का रस 1.5 छोटा चम्मच प्याले को ग्रीस करने के लिये तेल (बैटर को भाप में डालने से पहले) तड़के के लिये एक बड़ा चम्मच तेलआधा छोटा चम्मच सरसों के बीज,एक चम्मच सफेद तिल,दो हरी मिर्च लम्बाई में कटी हुईएक लाल मिर्च,एक चुटकी हिंग,करी पत्ते,ताजा कटा हरा धनिया,एक तिहाई कप पानीठंडा करना गाढ़ा लटका दही

विधि

एक बाउल में बेकिंग सोडा और नींबू को छोड़कर बैटर की सामग्री को मिला लें।गाढ़ा घोल बनाने के लिये थोड़ा-थोड़ा करके पानी डालें और 15 मिनट के लिये अलग रख दें।फिर इस मिश्रण में बेकिंग सोडा और नींबू का रस डालकर एक बार मिला लें।

29

प्रोसो मिलेट पिज्जा

सामग्री

एक कप प्रोसो बाजरा का आटा,आधा कप उबली शकरकंद,एक चम्मच जैतून का तेल एक छोटा चम्मच इटालियन मसाला पाउडर, आधा छोटा चम्मच काली मिर्च,आधा छोटा चम्मच बेकिंग पाउडर,आधा छोटा चम्मच नमक

टॉपिंग के लिये

आधा कप पिज़्ज़ा सॉस,एक कप त्रि रंग की शिमला मिर्च के टुकड़े आधा कप मशरूम कटा हुआ,आधा कप मोजरेला चीज़,ताजा प्याज,ताजा पालक,ताजा कॉर्न्स,थोड़ा नमक,मिर्ची के परत

एक कटोरे में बाजरे का आटा, शकरकंद, बेकिंग पाउडर, काली मिर्च पाउडर, मसाला और नमक डालें। नरम आटे की तरह गूंथ लें । तेल डालें और 10 मिनट के लिये आराग करें। ओवन को 350 एफ के लिये प्रीहीट करें और एक बेकिंग पैन में थोड़ा सा तेल लगाकर आटे को गोल आकार की तरह थपथपाएं और ऊपर से थोड़ा तेल लगाएं और ओवन में दस से पंद्रह मिनट के लिये बेक करें (जब तक कि कुरकुरा क्रस्ट हल्का न हो जाए) अपनी पसंद की टॉपिंग और चीज़ पर डाल कर ओवन से निकालें । 12 -15 मिनट के लिये बेक करें। घर पर स्वस्थ ग्लूटेन मुक्त पिज्जा का आनंद लें।

30

फॉक्सटेल मिलेट हलवा

सामग्री

फॉक्सटेल मिलेट सूजी एक कप, चीनी एक कप, पानी तीन कप, बादाम तीन से चार, नारियल पाउडर एक बड़ा चम्मच

विधि

एक कप फॉक्सटेल मिलेट के सेम को घी में भून लें. दूसरे पैन में एक कप चीनी और तीन कप पानी डालकर उबाल लें।उबालने के बाद इस चीनी के पानी को मिलेट में बहुत धीरे-धीरे डालकर चलाते रहें. इसमें बारीक कटे बादाम डालें। आप इसमें नारियल पाउडर भी डाल सकते हैं। हिलाते रहें और आपका मिलेट का हलवा तैयार है। इसे बादाम और नारियल पाउडर से गार्निश करें। गरमागरम परोसें।

31

कोदो मिलेट आम रसमलाई

सामग्री

सूजी बॉल्स बनाने के लिये कोदो बाजरा सूजी -1/4 कप दूध 1 कप घी 1 छोटा चम्मच चीनी 1/4 कप

रबड़ी बनाने के लिये दूध 1 कप पानी 1/3 कप ताज़ी मैंगो प्यूरी -1/2 कप इलाइची - 1 छोटा चम्मच चीनी 2 बड़े चम्मच,कटे हुए पिस्ते, बादाम और केसर - सजाने के लिये आवश्यकतानुसार।

विधि

एक पैन में दूध, घी चीनी डालें और उबाल आने पर कोदो बाजरे की सूजी डालें और 5-7 मिनट तक पैन को अलग होने तक पकाएं। फिर इसे एक प्लेट में निकाल लें और हाथों में घी लगा लें और पके हुए मिश्रण के गोले बना लें और इसे चपटा करके एक तरफ रख दें. रबड़ी के लिये, एक पैन में दूध, पानी, चीनी, इलाइची डालकर अच्छी तरह मिलाएँ। अब सूजी के चपटे गोले डालें और 10 मिनट के लिये ढँककर पकायें। दूध के मिश्रण में मैंगो प्यूरी डालें और तेज़ उबाल आने दें। आँच बंद कर दें। बॉल्स को अच्छी तरह से भीगने के लिये इसे कुछ मिनट के लिये अलग रख दें। बादाम और केसर से सजायें।

32

मिलेट और मूंगफली का मक्खन कुकीज़

सामग्री

100 ग्राम मक्खन अनसाल्टेड 100 ग्राम चीनी क्रिस्टल 1 अंडे का सफेद भागआधा छोटा चम्मच वनीला एसेंस100 ग्राम मूंगफली का मक्खन,300 ग्राम बाजरे का आटा आधा छोटा चम्मच बेकिंग पाउडर

विधि

क्रीम मक्खन और चीनी फिर एक अंडा जोड़ें सफेद प्लस मूंगफली और अच्छी तरह से हरा बची हुई सूखी सामग्री डालें और मिलाएँ / फेंटें। सुनहरा भूरा होने तक 170 डिग्री सेल्सियस पर बेक करें। ओवन से निकालें और ठंडा होने दें

33

बिना चीनी के मिलेट के लड्डू

सामग्री

अंकुरित बाजरे का सौ ग्राम आटा ,दस बादाम ,दस काजू और आवश्यक मिठास के आधार पर आठ से दस सूखे अंजीर, कसा हुआ नारियल (वैकल्पिक) तीन इलायची, घी पचास ग्राम

विधि

सूखे मेवे (बादाम, काजू और अंजीर) को गाय के घी में भून लें अंकुरित बाजरे के आटे को हल्का सा भून कर ठंडा होने दें । इलाइची, भुने हुए मेवे को दरदरा पीस लीजिये और भुने हुये बाजरे के आटे में अच्छी तरह मिला दीजिये ।दो मिनट के लिये मिश्रण को फिर से ब्लेंड करें और कद्दूकस किए हुए नारियल के साथ मिलाएं। (वैकल्पिक) गाय का घी डालकर लड्डू में बेल लें।

नोट: पाउडर (नारियल डाले बिना) को स्टोर करके भी रखा जा सकता है और इस झटपट, स्वस्थ और बिना चीनी के लड्डू को नाश्ते के रूप में बनाने के लिये इस्तेमाल किया जा सकता है।

34

बाजरा प्याज मुठिया

सामग्री

बाजरा एक कप,हल्दी, मिर्च पाउडर,धनिया,जीरा,अदरक, हरीमिर्च पेस्ट, बेकिंग सोडा, आवश्यकतानुसार नमक और तेल

विधि

सभी सामग्री को मिलाकर अच्छी तरह मिला लें और नरम आटा गूँथ लें। थोड़ा सा तेल लगाकर बेलनाकार आकार दें और स्लाइस में काट लें।एक नॉन स्टिक पैन में बचा हुआ तेल गरम करें और उसमें राई डालें। टुकड़ों को तेल में हल्का सा भून लें और जीरा डालकर भून लें । धनिया से सजाकर गरमागरम परोसें

35

बाजरा का उपमा

सामग्री

बाजरा का रवा कप, कटा हुआ प्याज, हरी मिर्च, गाजर, बीन्स, आलू, अदरक, राई, काले चने की दाल, चना दाल, करी पत्ता, पानी और तेल आवश्यकतानुसार

विधि

बाजरे के रवा को ब्राउन होने तक भुन लें । प्याज़, हरी मिर्च, सब्जी, बारीक काट लें और कालाचना दाल, चना दाल, करी पत्ते,राई, और हरी मिर्च लें ।दो से तीन मिनट के लिये गाजर, बीन्स और आलू को भूनें।पानी डालें और भूना हुआ रवा डालकर अच्छी तरह नरम होने तक पकायें और गरमागरम परोसें ।

36

बाजरा की रोटी

सामग्री

बाजरे का आटा-कप, पानी-आवश्यकतानुसार भुने हुए बाजरे का आटा में गरम पानी डालिये । बाजरे का आटा नरम आटा चिकना गूथ लें । गोल लोई बनाकर पॉलीथिन पर गोल आकार में बेलन या हाथ से बेलकर हथेली से दबाकर शीट फैला दीजिये । रोटी को पहले से गरम की हुये तवा पर डालकर के किनारों पर अच्छी तरह से सेंक लें । किसी भी करी या दाल के साथ गरमागरम परोसें।

37

बाजरा के पकौड़े

सामग्री

कटा हुआ प्याज, हरी मिर्च बाजरे का आटा एक कप, बेसन आधा कप, मिर्च पाउडर और नमक आवश्यकतानुसार

विधि

बाजरे का आटा, बेसन का आटा, कटा हुआ प्याज, हरी मिर्च, मिर्च पाउडर, नमक और पानी को मध्यम घोल में मिला लें। बैटर को मनचाहे आकार में तेल में तल लें। एक टिशु पेपर से अतिरिक्त तेल हटा दिया जाता है। इसे शाम के नाश्ते के रूप में टोमैटो सॉस के साथ परोसा जाता है

38

बाजरा का हलवा

सामग्री

बाजरे का आटा एककप, गुड़ का प्याला बटर और दूध एक कप

विधि

एक पैन में बाजरे के आटे को घी में तब तक भून लें जब तक इसकी महक और रंग न बदल जाये । मिश्रण में दूध डालकर पकायें ।

पिघला हुआ गुड़, घी डालें और अच्छी तरह मिलायें ।ध्यान रखें कि गाँठ न बन पाये । तैयार बैटर को मोल्ड में डालकर सेट होने के लिये रख दें ।

39

बाजरा का पेसरट्टु

सामग्री

बाजरा एक कप, साबुत हरे चने एक कप, चार लाल मिर्च, दो हरी मिर्च,दो तीन कटी हुई प्याज, थोड़ी सी अदरक, नमक स्वादानुसार और हरा धनिया कटा हुआ ।

विधि

बाजरे और साबुत हरे चने को पाँच से छः घंटे पहले एक साथ पीस लें और उन्हें पीसकर घोल बना लें और तीन चार घंटे के लिये फरमेंट होने के लिये रख दें । लाल मिर्च, हरी मिर्च, अदरक, नमक को पीसकर घोल में बारीक कटा प्याज और हरा धनिया डाल दें । तवे को मध्यम आंच पर गर्म करें और उसमें पेसारट्टू का घोलडालें । दोनों तरफ से पकाने के लिये पेसरट्टू को दूसरी तरफ पलटें । पक जाने के बाद तवे से उतार लें और किसी भी सांबर चटनी के साथ गरमागरम परोसें ।

40

बाजरा की खिचड़ी

सामग्री बाजरा और मूंग दाल एक एक कप, आलू, गाजर, बीन्स, हरा मटर, नमक, तेल, प्याज, हरी मिर्च, टमाटर, हींग, जीरा, सरसों के दाने, अदरक लहसुन का पेस्ट, लाल मिर्च पाउडर, धनिया पाउडर, हल्दी पाउडर, दो टेबल स्पून कटा हुआ धनिया पत्ती, आवश्यकतानुसार नींबू का रस।

विधि बाजरे के दाने और मूंग दाल एक रात पहले भिगो लें । सभी सब्जियों को उबाल लें।प्रेशर कुकर में भिगोया हुआ और धोया हुआ बाजरा, मूंग दाल, सभी सब्जियां,हरी मिर्च, नमक, हल्दी पाउडर और चार कप पानी डालें और तीन से चार सीटी आने तक पकायें । एक पैन में प्याज, हरा भूनें,मिर्च, हींग, जीरा और सरसों के बीज का तेल में अच्छी तरह से पका लें लाल मिर्च पाउडर डालें और मिलायें ।

यदि आवश्यक हुआ बाजरे का दाना, दो से तीन मिनट के लिये उबाल लें, नमक छिडक दें। धनिया पत्ती के साथ गार्निश कर और नींबू का रस और गरमागरम परोसें।

41

क्विनोआ का सलाद

सामग्री

दो कप पानी, एक कप क्विनोआ,गोभी के 10 पत्ते बारीक कटे हुए,तीन चम्मच जैतून का तेल,दो चम्मच नींबू का रस,एक चम्मच डीजोन मस्टर्ड,एक लहसुन बारीक कटा हुआ,दो-तीन काली मिर्च पिसी हुई,आधा चम्मच नमक,एक कप पेकान (एक प्रकार का अखरोट),एक कप किशमिश, पनीर आधा कप

विधि

क्विनोआ को दस से पँद्रह मिनट तक पानी में उबालें और ठंडा होने के लिये रख दें। अब एक बड़े बाउल में गोभी की पत्तियां डालें और उसमें जैतून का तेल, नींबू का रस, काली मिर्च, नमक, डीजोन मस्टर्ड व लहसुन डालकर अच्छी तरह मिला लें। अब इसमें क्विनोआ, पेकान, किशमिश व पनीर डालकर मिलाएं और खाएं।

42

क्विनोआ और ब्लैक बीन्स की रेसिपी

सामग्री

एक कप क्विनोआ,एक चम्मच सब्जी बनाने का तेल, बारीक कटा हुआ एक प्याज,आधा चम्मच बारीक कटा हुआ अदरक,एक चम्मच जीरा,एक चौथाई चम्मच लाल मिर्च,एक चौथाई कप वेजिटेबल ब्रोथ,एक चम्मच नींबू का रस,एक कप कॉर्न,दो कैन ब्लैक बीन्स,आधा कप कटा हुआ धनिया,एक पका हुआ और कटा हुआ एवोकाडो

विधि

पानी में क्विनोआ को अच्छी तरह धो लें। बर्तन में तेल गर्म करें और प्याज व लहसुन डालें। एक मिनट बाद बर्तन में क्विनोआ व वेजिटेबल ब्रोथ डालें। अब इसमें जीरा, काली मिर्च, लाल मिर्च व नमक डालें। थोड़ी देर बाद पानी डालकर बीस मिनट के लिये मध्यम आंच पर पकायें। अब इसमें नींबू का रस और कॉर्न डालकर मिक्स करें और बर्तन से ढक दें। पांच मिनट बाद इसमें ब्लैक बीन्स और धनिया डालें। बीन्स नरम होने तक पकाएं और कटे हुए एवोकाडो के साथ सर्व करें।

43

मसाला ओट्स

सामग्री

एक कप ओट्स, पाव कप शिमला मिर्च, एक मीडियम प्याज, एक मीडियम टमाटर बारीक कटा हुआ, पाव कप बीन्स बारीक कटा हुआ, पाव कप गाजर, पाव कप मटर, एक चम्मच अदरक, एक चम्मच जीरा बारीक कटा हुआ, स्वादानुसार लाल मिर्च पाउडर, धनिया पाउडर नमक आधा चम्मच हल्दी पाउडर आधा चम्मच धनिया पाउडर नमक एक बड़ा चम्मच तेल

बनाने की विधि

एक कढ़ाही में तेल गरम करें. इसमें जीरा, अदरक और कटी हुई प्याज डालें । प्याज के साथ ही मटर डालकर भूनें । जब लगे मटर और प्याज हल्के गुलाब दिखने लगे तो इसमें टमाटर डाल दें। टमाटर को दो मिनट भूनें और इसमें लाल मिर्च, धनिया पाउडर, हल्दी और नमक डालें। अब इसमें ओट्स डालकर मसाले में मिलायें। पानी डालें और ढक्कन लगाकर पकने दें। पांच से सात मिनट बाद ढक्कन हटायें हरा धनिया डालकर गार्निश करें। एक सर्विंग बाउल में निकाल लें और मसाला ओट्स तैयार है ।

ओट्स के अन्य व्यंजन में इंस्टेंट ओट्स डोसा,ओट्स दही मसाला,ओट्स मसाला वड़ा,ओट्स मंचूरियन भी बनाये जाते हैं ।